领导干部"十四五"学习读本

新阶段 新理念 新格局

中央党校知名专家解读

十四五

张占斌　陈江生　黄　锟　王海燕◎著

中共中央党校出版社

图书在版编目（CIP）数据

新阶段　新理念　新格局：中央党校知名专家解读“十四五”／张占斌等著．--北京：中共中央党校出版社，2021.1

ISBN 978-7-5035-6969-2

Ⅰ.①新…　Ⅱ.①张…　Ⅲ.①国民经济计划-五年计划-研究-中国-2021—2025　Ⅳ.①F123.3

中国版本图书馆 CIP 数据核字（2020）第 255974 号

新阶段　新理念　新格局——中央党校知名专家解读“十四五”

策划统筹　任丽娜
责任编辑　任丽娜　桑月月　牛琴琴
责任印制　陈梦楠
责任校对　李素英
出版发行　中共中央党校出版社
地　　址　北京市海淀区长春桥路 6 号
电　　话　（010）68922815（总编室）　（010）68922233（发行部）
传　　真　（010）68922814
经　　销　全国新华书店
印　　刷　中煤（北京）印务有限公司
开　　本　700 毫米×1000 毫米　1/16
字　　数　174 千字
印　　张　15.25
版　　次　2021 年 1 月第 1 版　2021 年 1 月第 1 次印刷
定　　价　58.00 元

网　　址：www.dxcbs.net　**邮　　箱**：zydxcbs2018@163.com
微 信 ID：中共中央党校出版社　**新浪微博**：@党校出版社

目录
CONTENTS

第一章

“十四五”时期国际形势的变化及我国的机遇与挑战

进入新世纪以来，世界进入了大变革、大调整时期，特别是在处于我国“两个一百年”奋斗目标的历史交汇期的今天，新科技革命和产业变革方兴未艾、“逆全球化”浪潮侵袭、新冠疫情肆虐，国际力量对比已经出现了重大变化。在“十四五”时期（2021—2025年），国际形势将沿着原有趋势继续明显变动。而这一重大变动对于我国继续推动经济发展而言，既是机遇也是挑战。

第一节

当前及未来五年国际形势的新变化

一、新兴市场和发展中经济体与发达经济体实力地位的变化

分析新兴市场和发展中经济体与发达经济体实力地位的发展趋势，首先要对两大经济体的界定有一个大致的了解。新兴市场和发展中经济体指的是国际货币基金组织（IMF）2020 年定义的包括中国、俄罗斯、印度等 156 个经济体；发达经济体指的是 IMF2020 年定义的包括美国、欧元区、日本等 39 个经济体。在本章的分析中，我们假设新兴市场和发展中经济体与发达经济体的范围不会随着时间的推移而有所变动。

（一）现阶段新兴市场和发展中经济体与发达经济体的力量对比

进入新世纪以来，新兴市场和发展中经济体群体性崛起，经济增长速度远高于发达经济体。根据 IMF 统计数据，2000—2019 年两大经济体实际 GDP 增速的平均值分别为：新兴市场和发展中经济体为 5.62%，发达经济体为 1.9%。在这样一个经济增速差距悬殊的背景下，新兴市场和发展中经济体在世界经济中的重要性已经达到了一个新

的高度，世界经济出现历史性变革。下面，我们将从两大经济体在世界经济中的份额、在要素国际流动中的重要性、在世界经济事务中的话语权三个方面来说明现阶段的国际形势。

1. 两大经济体在世界经济中的份额

现阶段，新兴市场和发展中经济体在世界经济中的份额已经上升到了一个新的水平。按GDP现价测算，2019年，新兴市场和发展中经济体的经济总量为35.71万亿美元，发达经济体的经济总量为51.84万亿美元，分别占世界经济总量的40.79%和59.21%。而这一份额在2000年为20.94%和79.06%。可以明显看出，新兴市场和发展中经济体的经济总量增加巨大，两大经济体的经济总量差距明显缩小，但发达经济体仍然处于优势地位。按人均GDP购买力平价测算，2019年，新兴市场和发展中经济体的人均GDP为1.177万国际元，发达经济体的人均GDP为5.413万国际元，两大经济体的人均GDP对比为1∶4.6。相较于经济总量而言，两大经济体的人均GDP存在的相对差距更大，但已经比2000年有了很大的进步，这一比值在2000年时为1∶6.85。[①]

2020年初新冠疫情的暴发造成世界经济的大范围衰退，根据IMF《世界经济展望》报告（2020年10月）预计，2020年，世界实际GDP增长率为－4.4%，这一衰退程度远超2008年金融危机时期。截至2020年10月，有新冠病毒感染确诊病例的国家已经超过200个，其中，发达经济体的经济发展受疫情的负面影响更为严重。根据IMF预计，2020年，发达经济体的实际GDP增速为－5.8%，其影响远比

① 以上数据均来源于IMF统计。

2008年金融危机时更惨烈（2009年的实际GDP增速为－3.3%）；新兴市场和发展中经济体首次出现实际GDP负增长，IMF预计为－3.3%。尽管两大经济体出现相当程度的经济衰退，但相较之下，此次疫情将造成新兴市场和发展中经济体在世界经济中的力量不减反增。按人均GDP购买力平价测算，根据IMF预计，2020年，新兴市场和发展中经济体与发达经济体的人均GDP对比变为1∶4.52，两大经济体人均GDP差距较疫情之前进一步缩小。

2. 两大经济体在要素国际流动中的重要性

现阶段，新兴市场和发展中经济体在要素国际流动中的地位也提升到了一个新的层次，这主要反映在两个方面：其一是对外贸易总额在世界贸易总额中的比例上升；其二是吸引外资的能力得到增强。

就对外贸易而言。一方面，新兴市场和发展中经济体是以比发达经济体更快的速度发展的。根据IMF统计数据，2001—2018年两大经济体货物和服务进出口总额增长率的平均值分别为：新兴市场和发展中经济体为10%左右，发达经济体为6%左右。另一方面，两大经济体对外贸易总量的差距已经大幅缩小。2018年，新兴市场和发展中经济体的货物和服务进出口总额为18.2万亿美元，发达经济体的货物和服务进出口总额为31.1万亿美元，分别占世界货物和服务出口总额的36.93%和63.07%。而这一份额在2000年为22.19%和77.81%。可以直观地看出，新兴市场和发展中经济体已经成为国际贸易中一支不可忽视的力量，但发达经济体仍占主导。然而，“逆全球化”浪潮此起彼伏，如英国脱欧、中美贸易战、日韩贸易战，削弱了全球贸易的增长动力。根据IMF《世界经济展望》报告（2019年10月）预计，2019年，新兴市场和发展中经济体与发达经济体货物和服务进出口贸易总额占世界货物和服务进出口贸易总额的比重分别为 37.31%和 62.69%，前者比 2018 年提高了 0.38%。也就是说，现阶段的“逆全球化”浪潮反而增加了新兴市场和发展中经济体在国际贸易中的重要性。此外，新冠疫情的冲击也将不可避免地造成两大经济体贸易陷入深度衰退。

就吸引外资而言。根据 IMF 统计数据，2018 年，新兴市场和发展中经济体的净直接投资①额为－3832.21 亿美元，相较于 2000 年其绝对值的增长幅度超过 150%，预计 2019 年这一数额将达到－3849.01 亿美元。由此可见，新兴市场和发展中经济体对外资的吸引能力已经有了很大的增强，在全球投资中的地位也有了明显的提高。

3. 两大经济体在世界经济事务中的话语权

现阶段，随着新兴市场和发展中经济体经济实力的显著增强，用于军事、科技等领域的投资也持续增加，随之而来的是硬实力达到新的高度，于是便有了在世界经济事务中更大的话语权。

时至今日，以发达经济体为主导建立的 IMF、世界银行、世界贸易组织（World Trade Organization，WTO）等制度安排仍对国际社会各领域发展起着关键作用。但是，在这些制度安排中，发达经济体的话语权逐渐缩小，而新兴市场和发展中经济体的地位则有所上升。2010 年 4 月 25 日，世界银行新一阶段投票权改革方案通过，发达经济体共向新兴市场和发展中经济体转移了 3.13%的投票权，使后者的投票权

---

① 净直接投资是指直接投资资产净获得减去直接投资负债净产生。若净直接投资为负，那么境外对境内的投资（对境内来说相当于负债）多于境内对境外的投资（对境内来说相当于资产），反之亦然。

从44.06%提高到47.19%。[①] 2016年1月27日，IMF宣布2010年份额和治理改革方案已正式生效，约6%的份额向新兴市场和发展中经济体转移，其中，中国成为第三大成员国，印度、俄罗斯和巴西都跻身前十。[②] 2013年，来自巴西的罗伯托·阿泽维多当选为WTO总干事，并在2017年继续连任，这不仅有利于提升巴西的国际影响力，更有利于扩大新兴市场和发展中经济体的话语权。由此可见，新兴市场和发展中经济体已经在以发达经济体为主导建立的制度安排中有了更大的影响力，并与发达经济体之间的差距变小。

除此之外，由美国、英国、法国、德国、日本、意大利、加拿大建立的“七国集团”就解决世界发展面临的难题（如2008年的金融危机）提出的方案屡屡受挫，转而把应对危机的论坛搬到了包含部分新兴市场和发展中经济体在内的二十国集团[③]中。现阶段，二十国集团在处理全球经济事务中的作用也正在超越七国集团，并且新兴市场和发展中经济体已经有能力推动二十国集团加速变革。更重要的是，新兴市场和发展中经济体已经建立了以它们为主导的国际治理平台，并且这些平台的影响力也正在不断提升。例如，包括中国、印度、俄罗斯、巴西及南非在内的金砖国家的形成及相互间合作的加强，就是一个典型的代表[④]；亚洲基础设施投资银行和丝路基金等国际金融平台的提出和建立也是很好

① 数据来源于世界银行投票权改革方案（2010年4月25日通过）。

② 数据来源于IMF统计。

③ 二十国集团是由阿根廷、澳大利亚、巴西、加拿大、中国、法国、德国、印度、印度尼西亚、意大利、日本、韩国、墨西哥、俄罗斯、沙特阿拉伯、南非、土耳其、英国、美国以及欧盟20方组成。

④ 林跃勤、周文主编：《新兴经济体蓝皮书·金砖国家发展报告：合作与崛起（2012）》，社会科学文献出版社2012年版，第1—23、149—165、282—292页。

的佐证。因此，新兴市场和发展中经济体在世界经济事务中的话语权已经有了很大的提高，但仍弱于发达经济体。

（二）“十四五”时期新兴市场和发展中经济体与发达经济体的力量对比

为研判“十四五”时期两大经济体实力地位的发展趋势，我们先引入一种计算方法，即复合增速修正测算。这种方法是利用2000年以来的数据计算年均复合增速，而后将这一增速根据实际GDP增长率进行修正，最后以修正后的增速对“十四五”时期的数据进行预测。运用该方法的估计可以将经济实力的变化考虑在内，进而能够较为合理地反映贸易战、新冠疫情等事件的冲击对经济不同方面（如进出口总额、净直接投资等）的负面影响，以提高预测的准确性。

“十四五”时期，国际形势有了新变化，新兴市场和发展中经济体的地位将进一步上升，但发达经济体仍会占据主导。具体而言，主要可以归纳为三个方面：其一是两大经济体的经济实力差距将以比以前预期更快的速度缩小；其二是新兴市场和发展中经济体在要素国际流动中的重要性将持续提高；其三是发达经济体在世界经济事务中的影响力将继续下降。

1. 两大经济体在世界经济中的份额将更加接近

随着全球新冠疫情得到有效控制，经济将出现大幅反弹，且新兴市场和发展中经济体的经济增速会远高于发达经济体。根据IMF《世界经济展望》报告（2020年10月）预计，2021年，新兴市场和发展中经济体与发达经济体的经济增速分别为6.0％、3.9％；到2025年，新兴市场和发展中经济体的经济总量达 49.59 万亿美元，发达经济体的经济总量达 63.89 万亿美元，分别占世界经济总量的 43.7%和 56.3%，且前者在世界经济总量中的份额比 2019 年提高了 2.91%。“十四五”时期，新兴市场和发展中经济体的经济总量将逐步接近发达经济体，两大经济体在世界经济总量中的份额会继续向平衡方向发展。

就人均 GDP（按购买力平价所得）而言，根据 IMF 预计，2025 年，新兴市场和发展中经济体的人均 GDP 为 1.517 万国际元，发达经济体的人均 GDP 为 6.326 万国际元，两大经济体的人均 GDP 对比为 1∶4.17，发展的不平衡性相比 2019 年（1∶4.6）有了明显改善。“十四五”时期，新兴市场和发展中经济体在人均 GDP 方面的追赶势头很猛，但发达经济体仍具有绝对的领先优势。两大经济体的经济实力差距将以比以前预期更快的速度缩小。

2. 新兴市场和发展中经济体在要素国际流动中的影响力将继续提高

我们仍从对外贸易和吸引外资两个方面，对“十四五”期间两大经济体在要素国际流动中的影响力进行研判。

首先是对外贸易方面。根据复合增速修正测算，预计 2025 年，新兴市场和发展中经济体的货物和服务进出口总额为 25.5 万亿美元，发达经济体的货物和服务进出口总额为 35.5 万亿美元，分别占世界货物和服务出口总额的 41.78%和 58.22%，前者比 2018 年增长了 4.85%。“十四五”期间，受贸易战、新冠疫情等的后续影响，两大经济体的对外贸易可能会失速，但由于新兴市场和发展中经济体将继续秉承“合作共赢”的理念，共同面对困难、解决难题，其在国际贸易中的影响力会进一步提高；反观发达经济体，美国很有可能继续对欧洲商品加征关税，这将不可避免地阻碍对外贸易的发展。与经济实力相一致，两大经济体对外贸易的差距也将日益缩小。

其次是吸引外资方面。根据复合增速修正测算，预计 2025 年，新兴市场和发展中经济体的净直接投资额达－4666.76 亿美元，其绝对值比 2018 年增加了 21.78％。“十四五”期间，随着经济实力的显著增强，新兴市场和发展中经济体对外资的吸引能力也将得到明显提升，随之而来的是在全球投资中的地位进一步提高。

3. 发达经济体在世界经济事务中的话语权将继续缩小

随着两大经济体的实力地位差距日益减小，新兴市场和发展中经济体在国际经贸体系和全球治理体系中的话语权将持续扩大，相对应的，发达经济体的地位则会下降。一方面，新兴市场和发展中经济体在以发达经济体为主导建立的 IMF、世界银行、WTO 等制度安排中将拥有更高的投票权权重，也即在现有的国际治理平台中的重要性不断提升；而发达经济体的影响力将继续减弱。另一方面，上海合作组织、金砖国家、非洲联盟等新兴市场和发展中经济体间组织在世界经济事务中的话语权将扩大，亚洲基础设施投资银行和丝路基金等国际金融平台也会发挥更大的作用；七国集团等发达经济体间组织的重要性将继续下降，而包括新兴市场和发展中经济体在内的二十国集团的影响力则会追平甚至赶超七国集团。“十四五”期间，发达经济体在世界经济事务中的话语权将继续缩小，但其软实力仍强于新兴市场和发展中经济体。

二、中国与美国实力地位的变化

分析中国与美国实力地位的发展趋势，首先要明确的是选择这两个国家的原因。一方面，中美两国实力地位的变化对国际形势的演变有着相当大的影响。中国与美国分别占新兴市场和发展中经济体与发达经济体经济总量的40%左右，是引领世界经济增长的两大强国。另一方面，中美两国间的关系对我国发展有着巨大且深远的影响。中国的迅速崛起和美国力量的相对衰落，使得美国感到在国际格局中的地位受到威胁，于是便有了贸易战等一系列遏制中国发展的举措。相较之下，美国目前是世界上对中国造成影响最大的国家。因此，对中美两国力量对比的研判，不仅有助于更好地捕捉国际形势的发展趋势，而且有助于更精准地分析我国“十四五”期间面临的机遇与挑战。

（一）现阶段中国与美国的力量对比

进入21世纪以来，中国经济迅猛增长，其增速远远超过美国。根据IMF统计数据，2000—2019年中美两国实际GDP增速的平均值分别为9.01%和2.1%。现阶段，中国已经成为世界第二大经济体，两个国家的力量对比有了显著变化。

1. 中美两国的经济实力

现阶段，中美两国的经济实力差距已经大幅缩小。按GDP现价测算，2019年，中国的经济总量为14.4万亿美元，美国的经济总量为21.43万亿美元，中美两国的经济力量对比为0.67∶1，这一比例在

2000 年仅为 0.12∶1。按人均 GDP 购买力平价测算，2019 年，中国的人均 GDP 为 1.671 万国际元，美国的人均 GDP 为 6.525 万国际元，中美两国的人均 GDP 对比为 1∶3.9，这一比值在 2000 年为 1∶12.57。[①] 由此可见，中国正在以非常快的速度追赶美国，但美国仍处于优势地位，并且两者人均 GDP 的相对差距远大于经济总量。无论是经济总量还是人均 GDP，我们都可以观察到，中美两国经济实力差距的缩小比新兴市场和发展中经济体与发达经济体经济实力差距的缩小更为明显，这也就意味着，中国正在为新兴市场和发展中经济体的经济增长提供强大的推动力。

2020 年初新冠疫情暴发后，中国“坚持把人民生命安全和身体健康放在第一位”，果断采取了宣传、隔离、新建传染病医院、调集全国医疗资源支援武汉等强硬积极的应对措施，充分发挥了社会主义国家集中力量办大事的制度优势，“用 1 个多月的时间初步遏制疫情蔓延势头，用 2 个月左右的时间将本土每日新增病例控制在个位数以内，用 3 个月左右的时间取得武汉保卫战、湖北保卫战的决定性成果，进而又接连打了几场局部地区聚集性疫情歼灭战”[②]；而美国则在疫情初期顾及资产阶级利益，有意缩小检测范围、弱化疫情严重性、宣扬“自由主义”等，后续的联系跟踪或强制隔离措施也并不那么严格，致使美国累计确诊新冠肺炎病例超过 1000 万例，累计死亡病例超过 20 万例。中美两国新冠疫情的严重程度不同，其受到的冲击也是有差异的，疫情更为严重的美国遭受的打击也就更大。根据 IMF《世界经济展望》报告（2020

① 以上数据均来源于 IMF 统计。
② 习近平：《在全国抗击新冠肺炎疫情表彰大会上的讲话》，《人民日报》2020 年 9 月 9 日。

年10月）预计，2020年，中美两国实际GDP增速出现了21世纪以来前所未有的低水平，分别为1.9%和－4.3%，并且中国将是全球唯一呈现正增长的主要经济体。显然，中美两国不同程度的衰退，缩小了两者经济实力的差距。根据IMF预计，2020年，中国的经济总量将达14.86万亿美元，美国的经济总量达20.81万亿美元，中美两国经济力量对比变为0.71∶1，相比2019年，中美两国经济总量的差距将进一步地缩小。

2. 中美两国的要素国际流动

现阶段，中美两国在要素国际流动中的实力地位也有了显著变化，这主要体现在两个方面：第一，中国已经超过美国成为世界第一大贸易国；第二，中国吸引外资的能力大幅提高。

就对外贸易而言。根据WTO统计数据，2019年，中国商品贸易总额为4.6万亿美元，美国商品贸易总额为4.2万亿美元，很明显，中国已经超越美国成为世界第一大贸易国。而在2000年，中美两国商品贸易总额分别为0.5万亿美元、2.0万亿美元，差距十分悬殊。也就是说，在短短不到20年里，中国对外贸易的发展出现了翻天覆地的变化，商品贸易总额的增长幅度超过800%，取代了美国在国际贸易中长久以来的主导地位，并成为新兴市场和发展中经济体对外贸易发展的主要引领。中国对外贸易的发展已经威胁到美国的切身利益，于是，由美国发起的中美贸易战打响了。中国是美国最大的进出口贸易国，双方不断地加征关税必然造成双边贸易急剧下降，极大地阻碍了中美两国的贸易发展。2019年，美国商品进口额和出口额均呈下降态势，毫无疑问地导致商品贸易总额减少；尽管中国商品出口额仍有所上升，但上升幅度极小，加之进口额的下降，不可避免地造成商品贸易总额减少。但中国仍保持世界第一大贸易国的地位，并进一步拉大了与美国的差距，2018年中国商品贸易总额比美国多3442亿美元，这一数值在2019年提高至3672亿美元。另外，此次新冠疫情的暴发将造成中美两国的对外贸易发展进一步受阻。

就吸引外资而言。根据世界银行统计数据，2019年，中国的外国直接投资净流入①为1558.15亿美元，比2000年增长了近300%；美国的外国直接投资净流入为3516.31亿美元，仅比2000年增长了0.7%。可以明显看出，中美两国外国直接投资净流入的差距正在以相当快的速度缩小，两者对比已经由2000年的1∶8.29变为2019年的1∶2.26。也就是说，中国吸引外资的能力已经得到了显著提升，与美国的差距正逐步缩小，随之而来的是在全球投资中的重要性和影响力增强。

3. 中美两国在世界经济事务中的话语权

现阶段，随着中国经济实力的显著增强，军事、科技等领域也实现了巨大发展，国家硬实力上升到新的水平，相应地，国家软实力也得到提升，随之而来的是在世界经济事务中的话语权明显扩大。

其一，中国在以发达经济体为主导建立的IMF、世界银行、WTO等制度安排中的话语权明显提升。2010年4月25日，世界银行发展委员会通过了投票权改革方案，将中国在世界银行的投票权权重由原来的2.77%提高到4.42%；而美国的投票权权重仍维持在15%以上。② 2016

① 根据世界银行定义，外国直接投资净流入是指来自外国投资者的净流入，即用外国新投资流入减去撤资。

② 数据来源于世界银行投票权改革方案（2010年4月25日通过）。

年 1 月 27 日，IMF 宣布 2010 年份额和治理改革方案已正式生效，中国的份额由 3.72%上升至 6.39%，投票权权重也由 3.65%上升至 6.07%；而美国的投票权权重则由 16.75%下降到 16.5%。[①] 特朗普政府上台后，作为发达经济体“领头羊”的美国不断“退群”，否定由其主导建立的世界治理体系。在新冠病毒确诊病例不断攀升之际，特朗普政府在 2020 年 7 月 6 日通知美国国会和联合国，美国将在一年后正式退出世界卫生组织（World Health Organization，WHO）。这将导致世界各国对美国能否维护其权威、保持其领导地位产生悲观预期。也就意味着，美国的影响力在现有制度安排中虽然仍然占据绝对的领先优势，但趋势是下降的，而经济实力不断增强的中国的影响力则是相对上升的。

其二，已经建立了以中国为主导的国际治理平台。首先是第一个在中国境内宣布成立、第一个以中国城市命名并由中国主导成立的国际组织，即上海合作组织（以下简称“上合组织”）。上合组织的宗旨之一就是开展经贸、环保、文化、科技、教育、能源、交通、金融等领域的合作，促进地区经济、社会、文化的全面均衡发展，不断提高成员国人民的生活水平。其次是由中国主导的一个政府间性质的亚洲区域多边开发机构，即亚洲基础设施投资银行（以下简称“亚投行”）。亚投行的宗旨是为了促进亚洲区域的建设互联互通化和经济一体化的进程。最后是由中国出资设立的中长期开发投资基金，即丝路基金。丝路基金设立的目的是为“一带一路”沿线国家基础设施、资源开发、产业合作和金融合

① 数据来源于 IMF 统计。

作等与互联互通有关的项目提供投融资支持。以中国为主导的国际治理平台的成立和发展提高了中国在世界经济事务中的话语权，相对而言，美国以及以美国为主导建立的国际治理平台的影响力被削弱。

其三，中国已经有能力举办重要的国际会议。2014 年亚太经济合作组织第二十二次领导人非正式会议在北京举行；2015 年，第二届世界互联网大会在乌镇举行；2016 年，二十国集团峰会在杭州召开；2017 年，金砖国家领导人第九次会晤在厦门举行；2018 年，上合组织扩员后的首次峰会在青岛举行；2019 年，第二届“一带一路”国际合作高峰论坛在北京举行。重大国际会议的举办不仅是对中国现阶段发展的高度认可，更是国际影响力增强的重要表现，但是，中国在世界经济事务中的话语权仍远弱于美国。

（二）“十四五”时期中国与美国的力量对比

“十四五”时期，伴随着国际形势的演变，中美两国的力量对比发生明显变化，中国的实力地位将继续提升，与美国的差距逐步减小。具体而言，主要反映在三个方面：一是中美两国经济实力的接近速度将更为迅速；二是中国在要素国际流动中的影响力将显著增强；三是美国在世界经济事务中的话语权将持续减弱。

1. 中美两国的经济实力差距将继续缩小

在全球新冠疫情消散后，中美两国经济将呈现出强劲回升的势头，且中国的经济恢复速度会远远快于美国。根据 IMF《世界经济展望》报告（2020 年 10 月）预计，2021 年，中美两国的实际 GDP 增长率将分别为 8.2%和 3.1%；预计到 2025 年，中国和美国的经济总量将分别达到23.03万亿美元和25.78万亿美元，比2019年增长59.93%和20.30%，且中美两国经济力量对比变为0.89∶1，其中，中国经济总量占新兴市场和发展中经济体及世界的46.44%和20.29%。“十四五”时期，中美两国经济实力的接近速度将更为迅速，但美国仍会保持世界第一大经济体的地位。值得注意的是，按照这个增长势头，中国不仅将是新兴市场和发展中经济体经济增长的关键引擎，还成为全球经济复苏的重要贡献者。

我们再来看人均GDP（按购买力平价所得）的变化情况，根据IMF预计，2025年，中国的人均GDP为2.531万国际元，美国的人均GDP为7.647万国际元，中美两国的人均GDP对比将变为1∶3.02（2019年为1∶3.9）。“十四五”时期，中国在人均GDP方面将以更快的速度追赶美国，但与美国仍有较大差距。中美两国经济实力的接近速度将更为迅速。

2. 中国在要素国际流动中的地位将持续上升

我们仍从对外贸易和吸引外资两个方面，对“十四五”期间中美两国在要素国际流动中的地位变化进行研判。

首先是对外贸易方面。根据复合增速修正测算，预计2025年，中国商品贸易总额为7.1万亿美元，美国商品贸易总额为4.9万亿美元，中美两国商品贸易总额分别比2019年增长了54.28%和16.61%。此外，中美两国的商品贸易总额对比也将由2019年的1∶0.92变为2025年的1∶0.7。“十四五”时期，美国对中国的遏制和打压可能依然存在或更加激烈，但阻挡不了中国的崛起，中国仍将保持世界最大贸易国的地位，并与美国逐步拉大差距。值得强调的是，中国对外贸易的迅猛发展也将给新兴市场和发展中经济体参与国际贸易带来更多的机会，进而成为新兴市场和发展中经济体对外贸易发展的加速器。

其次是吸引外资方面。根据复合增速修正测算，预计 2025 年，中国的对外直接投资净流入将达到 1997.17 亿美元，比 2019 年增长 28.18%；而美国如果继续坚持“美国优先”政策，继续减少国际参与、对外援助等，那么美国的对外直接投资净流入则可能呈下降趋势。“十四五”期间，随着经济实力的持续提高，中国对外资的吸引能力也将进一步加强；而美国的霸权主义和强权政治可能将继续降低国际投资来美意愿。中美两国在全球投资中的地位将此长彼消，但美国仍领先于中国。

3. 美国在世界经济事务中的影响力将被削弱

随着中美两国实力地位的接近速度更为迅速，中国在世界经济事务中的话语权将持续扩大，与之相对应的是美国的影响力减弱。其一，中国在以发达经济体为主导建立的 IMF、世界银行、WTO 等制度安排中将拥有更多的份额，也即拥有更高的投票权权重；美国的地位虽会受到一定程度上的削弱，但仍占据主导。其二，以中国为主导建立的上合组织、亚投行和丝路基金等也将在处理世界经济事务的国际治理平台中占据一席之地，且作用越来越大，而这会进一步削弱美国以及以美国为主导构建的国际治理平台的影响力。其三，伴随着中国实力地位的提升，中国将更有能力承办重大的国际会议，其在全球治理体系中的地位则会得到显著提升，随之而来的是在世界经济事务中的话语权进一步增强。“十四五”期间，美国在世界经济事务中的重要性和影响力将被削弱，但仍强于中国。

三、经济全球化将受到阻遏，世界市场发展变缓

在新兴市场和发展中经济体的群体性崛起加速成为既定事实的同时，在“美国优先”等政策的驱动下，发达经济体对其的遏制必将更加全面和强化，发达经济体间的合作关系则会愈加弱化。与之相对应的必然是“十四五”时期，全球化进程受到阻遏，世界市场的发展变缓。

（一）世界贸易的变化

1. 现阶段的世界贸易

“逆全球化”浪潮已经对国际贸易造成了巨大的冲击。根据 WTO 统计数据，2019 年，全球商品贸易总额比前一年下降了 2.8%。世界贸易领域的“逆全球化”浪潮，可以归结为以下四个方面：

其一是贸易保护主义此起彼伏。影响最大的是美国发起的全球贸易战。自 2018 年 7 月 6 日，美国开始对中国 340 亿美元的商品加征 25% 的关税后，中美贸易战正式启动；同年 9 月，美国对中国 2000 亿美元的商品征税 10%，同时中国宣布予以反击；此后，中美两国贸易一直在摩擦和磋商中艰难前行，双方的贸易博弈持续至今。除与中国的贸易争端外，美国也对欧盟、加拿大、墨西哥等国家或地区发动贸易战。例如，2020 年 6 月末，美国贸易代表办公室表示，美国正考虑对从法国、德国、西班牙和英国进口的价值约 31 亿美元的商品加征新的关税。另外还有许多非美国主导的贸易争端，如日韩贸易战等。采取单边贸易保护主义行动而悍然发动贸易战的错误行径损人不利己，不可避免地减少

了参与国的进出口贸易，对世界贸易发展造成了相当大的负面影响。

其二是逆经济一体化，如英国脱欧。2020 年 1 月 30 日，欧盟正式批准了英国脱欧，并于次日，英国正式脱欧。一方面，英国和欧盟间的贸易受影响。脱欧后，英国与欧盟其他国家之间的贸易成本会上升，损害双方间的贸易往来；英国海关体系也会独立于原先欧盟统一的海关商品归类体系运作，货物通关纳税程序变得更为复杂低效。另一方面，英国与欧盟之外的贸易受影响。其他国家将重新签订原来由欧盟出面缔结的贸易协定，可能会影响与英国有关的全球贸易；作为全球供应链的重要节点，英国离开欧盟后的全球供应链重组也会给国际贸易带来负担。

其三是现有的贸易协议被推翻。2017 年，美国正式退出跨太平洋伙伴关系协定（Trans-Pacific Partnership Agreement，TPP），除美国外的 11 国签署新的自由贸易协定，即全面且先进的 TPP；2018 年，美国重新谈判《北美自由贸易协定》，并与墨西哥、加拿大达成新的共识，也即更符合美国利益的新版北美自贸协议《美国—墨西哥—加拿大协定》；更有甚者，特朗普政府正试图破坏 WTO 这一体系，一度威胁完全退出 WTO。以上行径，无非是想让美国摆脱一切限制，摆脱国际全球化的“不平等”条约和协定，目的只有一个，“美国优先”。美国屡屡变更协议、“退群”，严重影响了与其他参与国间的贸易往来及全球贸易秩序，阻碍了国际贸易的发展。

其四是新冠疫情加剧了“逆全球化”思潮。2020 年初新冠疫情在全球肆虐，各国迫不得已暂时停工停产、“闭关锁国”，严重冲击了全球供应链和产业链，世界经济增长动力严重不足，贸易保护主义者肯定会出台更多“逆全球化”的措施。多相合力，世界贸易的发展进一步受到限制。根据 WTO《贸易统计与展望》报告（2020 年 10 月）预计，2020 年世界商品贸易量将下降 9.2%。

2. “十四五”时期的世界贸易

新冠疫情得到有效控制后，全球贸易将出现大幅反弹。根据 WTO 预计，2021 年全球商品贸易量将增长 7.2%。即便如此，“十四五”时期，“逆全球化”浪潮不会得到缓解，反而将继续阻碍国际贸易的发展。

一是新冠疫情导致的“逆全球化”思潮将在“十四五”时期继续加强。发达经济体将因为疫情而试图重新捡起原来已经放弃或部分放弃了的产业，可能会考虑把部分产业链转移回国，这在很大程度上使得“逆全球化”进程加速，抑制世界市场的发展，基于国际分工形成的世界贸易（尤其是新兴市场和发展中经济体的对外贸易）也将因此受阻。另外，全球产业链将会向区域供应链发展，但这一取而代之的过程需要很长时间。

二是贸易保护主义将成为“十四五”时期全球经济发展的趋势。随着新兴市场和发展中经济体的崛起，发达经济体的防范封堵将更加严密，会不断挑起贸易争端以遏制其实力地位的进一步增强，致使世界主要国家或地区的进出口贸易受限，世界贸易发展进程变缓，而在这一过程中，新兴市场和发展中经济体将扮演反对贸易保护主义的重要角色。

三是英国脱欧对欧盟及其他国家或地区的负面影响在“十四五”时期仍将继续存在。脱欧后英国和欧盟各自恢复经济发展并建立新的成熟的贸易协定需要时间，世界其他国家或地区与英国建立和发展新的双边贸易机制需要时间，英国在全球供应链中的新角色的形成也需要时间，因此，英国脱欧对国际贸易的冲击在未来五年仍将继续存在。

四是美国在“十四五”时期很可能将继续“退群”或挑战 WTO 权威。如果美国继续实行“美国优先”政策，那么“退群”或变更贸易协定是必然会发生的；在美国众议院的一项技术性投票中终结了 2025 年前美国退出 WTO 的可能，未来五年美国为了自身利益必将继续挑战 WTO 权威，并以减少或拒绝 WTO 的会费缴纳为威胁。这不仅会破坏与参与国的贸易合作关系，还会扰乱全球贸易秩序，打破全球贸易规则，进一步阻遏国际贸易的发展。

（二）国际资本流动的变化

1. 现阶段的国际资本流动

现阶段，随着世界贸易的发展受阻，顺差国能够为全球提供的“财富源泉”也随之减少。在过去十年间（2009—2018 年），德国、中国、日本、韩国、沙特阿拉伯和俄罗斯六大顺差国经常项目顺差总额高达 7.76 万亿美元，相当于全球资本净流量的 77%。其中，全球第一大顺差国德国将资金主要用于增持国外证券资产，占比为 76%；第二大顺差国中国几乎将所有的资金用于增加外汇储备；第三大顺差国日本的主要资金用途是对外直接投资，占比达 73%。[①] 也就是说，顺差国是全球资本的“创富源泉”，世界贸易发展变缓则会极大地阻碍顺差国的资金积累，随之而来的是国际资本流动受限。根据联合国贸易和发展会议统

---

① 谭海鸣：《全球资本流动格局与应对策略》，《中国金融》2020 年第 8 期。

计数据，受全球贸易争端导致世界贸易发展变缓甚至衰退的影响，全球外商直接投资呈现不断下降的趋势，这些国家的对外投资也都有了不同程度的减少或放缓。

自新冠疫情暴发后，受疫情加剧的影响，国际贸易大幅回落，大宗商品市场出现了暴跌，股票市场泡沫相继破裂。首先，疫情的加剧使得作为“创富源泉”的顺差国减少了对外国的直接投资。一方面，世界贸易出现缩水，顺差国的经常项目顺差大幅回落，进一步阻碍了国际资本流动；另一方面，疫情期间国际原油价格的暴跌给俄罗斯、沙特阿拉伯等产油国家的实体经济发展带来了巨大的下行压力，并且明显减少了这些国家或地区的经常项目顺差，导致它们对外直接投资的能力明显减弱。两相合力，致使国际资本流动受限。其次，全球（尤其是发达经济体）资产市场泡沫相继破裂，其吸引全球投资者的能力逐步下降。由国际油价暴跌和新冠疫情暴发导致的全球投资者情绪低迷，致使投资者卖空股票，从而引发全球股市灾难。2020 年 3 月，美国股市出现 4 次熔断，分别在 3 月 9 日、12 日、16 日和 18 日。其中，至少有巴西、加拿大、泰国、菲律宾、巴基斯坦、韩国、印度尼西亚、墨西哥、哥伦比亚、斯里兰卡 10 个国家的股市在 3 月 12 日也发生熔断；英国、法国、德国、日本、澳大利亚等国家在 3 月 16 日股市暴跌。股票市场泡沫破裂也迅速传导到其他资产市场上，例如，全球最大的养老基金日本政府退休金投资基金在 2020 年第一季度亏损了 1650 亿美元①；发达经济体无风险利率债的吸引力大幅下降，美国公司债、意大利金融机构债，以

① 数据来源于日本政府养老金投资基金统计。

及大宗商品出口国主权债券也面临较大风险。

更重要的是，现阶段，世界疫情还没有得到有效控制，叠加自然灾害、全球经济政治不确定性因素的影响，国际资本流动的规模正在继续缩小。首先，疫情已经扩散到全球200多个国家，在部分国家中确诊人数仍大量增加，必然引发全球性恐慌，国际资本流动持续缩减。其次，澳大利亚丛林大火、非洲及部分亚洲国家（如印度、巴基斯坦等）蝗灾等自然灾害都不利于这些国家对外投资或吸引外资。最后，国际资本主要流入具有全球资本配置功能、政治经济社会稳定的国家和地区，现阶段，全球经济政治不确定性因素使得国际资本流动的规模放缓。经济方面，主要国家货币汇率出现剧烈波动，由美国主导的世界范围贸易战此起彼伏，全球金融不稳定性加剧；政治方面，英国正式脱欧，美国暴发大规模反对种族歧视的街头抗议运动，中印边境发生冲突。这些不确定因素将不可避免地造成国家对外投资和吸引外资能力双双减弱，国际资本流动规模缩小。根据联合国贸易和发展会议的《2020年世界投资报告》（2020年6月）预计，2020年，全球外国直接投资将大幅度降低40%。

2. “十四五”时期的国际资本流动

随着新冠疫情的缓解，国际资本流动可能不会迅速得到改善，其规模还将继续缩小一段时间。根据联合国贸易和发展会议预计，2021年，全球外国直接投资仍将继续下降5%～10%，2022年才会有一定的反弹。“十四五”时期，受多方影响，资本的国际性流动将受到更多的限制。

首先，随着世界贸易发展受阻，顺差国的经常项目顺差将继续缩小。IMF在疫情之前预测，由于贸易摩擦和全球油价下跌，未来五年，中国、沙特阿拉伯、俄罗斯三国的经常项目顺差将较过去五年大幅下降34.3%。[①] 疫情暴发后，全球贸易前景更加暗淡，顺差国的经常项目顺差将比这一预测的减小幅度更大。“十四五”时期，顺差国能为全球提供的“财富源泉”更少，将进一步影响资本的国际流动。

其次，发达经济体的资产市场在国际投资中的影响力将继续下降。对发达经济体资产泡沫破裂的预期大大削弱了全球投资者的信心，而这一信心不是短期内能恢复的，加之经济复苏相对缓慢，吸引全球投资者的能力在未来五年将继续减弱。随之而来的是发达经济体的国际财富效应逐步消退，以发达经济体为主导的国际证券投资链条可能会断裂，必将进一步削弱其资产市场在国际投资中的重要性。“十四五”时期，发达经济体资产市场的吸引力变小将使得国际资本流动规模的扩张受限。

最后，世界政治经济的发展将出现更多的不确定性。一方面，新兴市场和发展中经济体与发达经济体力量对比的变化，使得后者将采取更多加剧“逆全球化”浪潮的措施，以阻遏前者的崛起，如贸易争端、局部的战争冲突等；另一方面，为提高自身利益，发达经济体内部也可能会出现更多的摩擦。“十四五”时期，全球政治经济等不确定性因素将使得国际资本流动受阻，甚至引发造成流动性衰竭。

（三）全球人口流动的变化

1. 现阶段的全球人口流动

现阶段，世界贸易萎缩、国家或地区间的矛盾冲突甚至对立抑制了

---

① 谭海鸣：《全球资本流动格局与应对策略》，《中国金融》2020 年第 8 期。

人口的跨国流动。首先，抑制了通过移民途径而实现的跨国人口流动。特朗普政府上台后，发动了世界范围的贸易战，加之签署了一系列总统行政令紧缩美国移民政策，移民数量大幅下降。根据美国国土安全部统计数据，2017 年，全球获得绿卡的总人数为 1127167 人，比 2016 年下降了 4.76%，而 2018 年比 2017 年下降了 2.71%。其中，受中美矛盾冲突加剧的影响，中国获得美国绿卡的人数在 2017 年比 2016 年减少了 12.48%，2018 年比 2017 年减少了 8.87%，降幅相当大；美国与邻国（如加拿大、墨西哥）的矛盾冲突同样也减少了这些国家移民去美国的人数。

其次，抑制了通过非移民途径而实现的跨国人口流动。国家或地区间关系的弱化甚至恶化，使得人们出于对人身安全、爱国主义情怀等的考量，会减少在相关国家或地区间流动。2017 年，韩国无视中国的强烈反对，向美国引进萨德反导系统，使得国人自发地减少赴韩旅游。根据韩国旅游发展局统计数据，2017 年，中国赴韩游客仅为 416.9 万人，同比大幅减少 48.3%。随着中美两国贸易战的不断升级，两国间的人口流动规模明显减小。根据美国国家旅游办公室统计数据，2018 年和 2019 年中国赴美旅游人数分别同比下降了 5.74%和 5.41%。日韩贸易战也有同样的效应，2019 年 8 月，日本把韩国排除出“白色清单”；同月，韩国政府决定将日本从本国“白名单”中清出，并于 9 月生效。日本与韩国间的对立大幅减少了两国间的人口流动，根据日本政府观光局统计，2019 年 8 月，韩国入境日本的商用客数量跌幅超过 30%；观光客数量也有所下降，跌幅近 50%。可以明显看出，国家间的矛盾冲突甚至对立使得人口的跨国流动受阻。

2020年初新冠疫情暴发后，考虑到外来人口对疫情产生的消极影响，世界各国纷纷进入“封国”状态。例如，3月20日，美国暂停了在世界各地的所有常规签证服务；同日，澳大利亚禁止所有外国游客入境，该禁令适用于所有非澳大利亚公民和居民；3月27日，俄罗斯暂停了所有定期和包机国际航班，单向出境航班、货运航班和人道主义救援航班等特殊航班除外；3月28日，中国暂停了持有效中国签证、居留许可的外国人入境；6月24日，美国暂停发放H—1B、H—2B、L和J非移民工作签证，这项政策将一直持续到年底；7月1日，欧盟公布了开放边境的相关政策，其中有15个国家被允许入境，但与欧盟联系紧密的美国却被排除在外；同日，日本进一步扩大了入境限制，黎巴嫩等18个国家被日本列为新增入境限制国。此外，疫情导致世界各国的某些行业停工停产，减少了国内国外的劳动力需求。两相合力，导致人口的跨国流动规模显著下降。

2. “十四五”时期的全球人口流动

随着新冠疫情的逐渐消散，世界各国将部分地放开入境禁令，人口的跨国流动开始缓慢恢复。但是，在疫情基本或完全消失前，国家间仍将保持持续或间歇的“社交疏离”，人口的跨国流动规模只能得到十分缓慢的增加，难以迅速扩张；只有在疫情基本或完全消失后，各国的出入境限制才能解除。世界各国“解封”后，为加速经济恢复，刺激旅游业、餐饮业等的相关举措将层出不穷，由此则会带来大量短期的跨国流动人口；经济的逐渐恢复也增加了国外的劳动力需求，到国外工作、移民的人数也将出现大幅反弹。由此可见，新冠疫情在“十四五”时期的后续消极影响仍然存在，但在疫情基本或完全结束后，因疫情而减少全球人口流动的规模将逐步恢复。

但是，国家间的矛盾冲突甚至对立将继续加剧，造成的对人口跨国流动的抑制作用则会加强。其一，发达经济体为打压新兴市场和发展中经济体将采取更多的限制措施，掀起一波又一波的“逆全球化”浪潮，导致两大经济体间矛盾冲突甚至对立日益深化，不利于全球人口在两大经济体间的自由流动；其二，发达经济体内部的同盟关系可能会被削弱，取而代之的是竞争日益严峻，关系愈发淡化甚至恶化，这将进一步阻碍发达经济体内部人口的跨国流动；其三，美国很可能会继续实行“美国优先”政策，这将不可避免地引发全球性冲突，而美国作为移民最多的国家，与其他国家的矛盾冲突甚至对立必然会致使全球人口流动变缓。

四、美国将会采取更多的措施以阻遏中国经济发展

随着中美两国的实力地位差距日益缩小，美国作为守成大国，为维护其世界霸权和领导地位，将采取更多的措施以遏制中国的经济发展。

（一）国际贸易领域

从中美两国间贸易的视角看，“十四五”时期，为应对中国的崛起，美国必然会发起更具破坏力的贸易进攻。

1. 现阶段中美两国间的贸易

现阶段，由美国发起的中美贸易战已经有所缓解，但双边贸易关系仍面临重大挑战。美国东部时间 2020 年 1 月 15 日上午，《中华人民共

和国政府和美利坚合众国政府经济贸易协议》，即《中美第一阶段经贸协议》在华盛顿签署。协议主要包括知识产权、技术转让、食品和农产品贸易、金融服务、宏观经济政策、汇率问题和透明度、扩大贸易、双边评估和争端解决等内容。同时，协议也推动了中美两国加征关税由升到降的转折，美方暂停原定 2019 年 12 月 15 日要加征的关税，并将 2019 年 9 月 1 日生效的对华加征关税税率从 15%降至 7.5%；中方将 2019 年 9 月 1 日起已加征 10%关税的商品，加征税率调整为 5%，已加征 5%关税的商品，加征税率调整为 2.5%。该协议的达成已经在很大程度上缓解了中美两国自 2018 年以来的贸易冲突，根据美国商务部统计数据，2020 年 4 月，中美两国的双边贸易总额为 397 亿美元，环比增幅为 42.83%，中国重新成为美国第一大贸易伙伴；5—9 月，中美双边贸易总额持续呈增长态势。第一阶段谈判的结束也就意味着第二阶段磋商的开始，由于第二阶段贸易谈判将涉及更为敏感的问题，叠加全球疫情加剧的影响，这一谈判过程预料会非常艰难，中美两国间的贸易关系仍然面临着需要高度重视的重大挑战。

新冠疫情不仅对中美经贸磋商产生深刻影响，还加剧了全球产业链"去中国化"的巨大风险。特朗普政府上台后，多次提及要"重振美国的制造业"，并要求美国企业将生产部门由中国搬回美国，让制造业回归本土，或者至少削弱中国制造业优势，摧毁中国在全球产业链中的重要位置。然而，中国已经拥有了全球规模最大、门类最齐全的工业体系，并成为全球产业链和供应链的关键节点，这是由过去几十年发展积攒下来完备的工业体系、完善的基础设施、丰富的人才和劳动力资源等比较优势决定的，也是跨国企业自主选择的结果。美国想让制造业回归本土是不切合实际的，所以企业回流并不成功。但这并没有打消美国鼓动全球产业链“去中国化”的想法，且这一想法在新冠疫情暴发后更加突出。随着疫情的加剧，一些欧美国家陷入了“口罩焦虑”“呼吸机焦虑”“药品焦虑”等；反观中国，已经成为口罩、呼吸机、药品等的生产大国，“中国制造”的防疫物资发往了世界绝大多数国家或地区。根据中国海关总署统计数据，2020 年 3 月 1 日至 5 月 16 日，中国共验放出口防疫物资总额达 1344 亿元，包括：口罩 509 亿只；防护服 2.16 亿件；护目镜 8103 万副；新型冠状病毒检测试剂盒 1.62 亿人份；呼吸机 7.27 万台，其中无创呼吸机 6.39 万台；病员监护仪 17.7 万台；红外测温仪 2643 万件；外科手套 10.4 亿双。其中，美国是中国防疫物资的主要出口目的地之一。疫情造成的防疫物资紧缺，导致特朗普政府更想让制造业回流本土，进一步加剧了全球产业链“去中国化”的风险。

2. “十四五”时期中美两国间的贸易

在未来五年，中美两国实力地位的差距缩小将加速，美国为阻遏中国的赶超之势，必将发起更具破坏力的贸易进攻。

一方面，美方可能会设法让新的经贸协议难以达成，甚至出现单方面违背或废除已经达成的经贸协议的情况；另一方面，可能会在规模更大、范围更广的进口商品中加征更高的关税。更重要的是，除了通过高筑关税壁垒发动贸易战外，也可能将采取非关税措施限制中国商品进入美国市场，甚至利用“长臂管辖”伤害中国商品在非美市场的竞争力。例如，通关环节壁垒、对进口产品歧视性地征收国内税费、技术性贸易壁垒、卫生与植物卫生措施、政府采购中对进口产品的歧视、服务贸易方面的壁垒、与贸易有关的知识产权措施等。

为抑制中国经贸领域的发展，美国会采取更多的措施削弱中国在全球产业链中的优势地位，那么，由新冠疫情加剧的全球产业链“去中国化”的巨大风险在未来五年仍将继续加剧。其一，可能会采取强制措施致使一些在中国布局生产的企业把产品再出口到美国变得十分困难，如以加征关税等方式增加产品成本，削弱在中国生产的成本优势，迫使制造业回流；其二，美国可能将企业回流所需要的支出100%直接支付给企业，即政府为美国企业从中国搬回到美国买单；其三，可能会鼓励美国企业由中国向东南亚迁移。

（二）国际科技领域

从中美两国间科技的视角看，“十四五”时期，为应对中国的崛起，美国必然会采取更强有力的举措以阻碍中国的科技发展，中美科技大战将更加激烈。

1. 现阶段中美两国间的科技

现阶段，由美国挑起的中美科技战愈演愈烈，主要体现在美国对华技术出口管制方面。2018年4月19日，美国商务部发布公告，美国政府将在未来7年内禁止中兴通讯向美国企业购买敏感产品；7月14日，中兴通讯缴纳10余亿美元的罚款后才被解除这一禁止。自此之后，美国不断地将中国的科技企业及机构列入实体清单中，所谓实体清单，即是美国为维护其国家安全利益而设立的出口管制条例。2018年8月，美国商务部以国家安全和外交利益为由，宣布技术封锁中国航天科工股份有限公司第二院以及下属研究所等44家中国科技企业及机构，主要集中在军工研究领域，涉及芯片、雷达、通信等诸多板块；2019年5

月，将华为公司等 70 家关联企业列入实体清单，主要涉及 5G、通信等领域；2019 年 6 月，将中科曙光、天津海光、成都海光集成电路、成都海光微电子技术、无锡江南计算技术研究院列入实体清单，主要涉及高性能计算、超级计算机开发技术等领域；2019 年 8 月，将中广核集团、中国广核集团有限公司、中广核研究院有限公司、苏州热工研究院有限公司列入实体清单，主要涉及能源等领域；2019 年 10 月，将 28 家中国科技企业及机构列入实体清单，主要涉及安防摄像头、人工智能等领域；2020 年 5 月，将 360、云从科技等 33 家中国科技企业及机构列入实体清单，覆盖人工智能、通信、网络安全、云端机器人、安防监控、精密光学、贸易、物流、法医学等诸多行业。在短短不到 2 年的时间里，美国实体清单已经涉及 184 家中国科技企业及机构。

当然这并不意味着中国就一定不能顶住这种进攻。以华为为例，即使自 2018 年开始美国对华为及其 5G 技术的打压一直在不断升级，但华为并没有“倒下”，反而越制裁越强大。根据华为 2019 年年报统计数据，2019 年，华为营业收入达 8588 亿元，同比增长了 19.1%；净利润达 627 亿元，同比增长了 5.6%；经营活动现金流达 914 亿元，同比增长了 22.4%。根据全球知名分析师机构 Dell’Oro 统计数据，2020 年第一季度，在 5G 通信设备市场中，华为以 35.7%的市场份额排名第一，比 2019 年第四季度还增长了 0.4%。

除了在美国对华技术出口管制方面，加大中国对美国的投资限制、遏制中国科技产品在美国交易、阻碍科技人员交流等，也是现阶段中美科技战愈演愈烈的重要体现。2018 年 8 月 13 日，美国《外国投资风险评估现代化法案》正式签署生效，新法案的出台不仅扩大了美国外国投资委员会的管辖范围，并且增强了其审查权力、修订了其审查程序，这无疑增加了中国企业对美投资的难度与风险。2019年8月7日，负责政府合同的美国机构发布了一项禁止联邦政府从华为、中兴通讯、海康威视、大华、海能达购买电信设备、视频监控设备或服务的临时规定。2020年5月29日，美国白宫政府网站发布公告，将禁止与国防领域有关的硕士、博士、博士后和访问学者入境美国。

2. "十四五"时期中美两国间的科技

随着中国科技以更加惊人的速度发展，并有赶超美国之势，作为守成大国的美国必将采取更强硬的限制措施强推中美"科技脱钩"。其一，可能会继续扩大美国外国投资委员会的管辖范围和机构权限、修订更为严苛的审查程序，进而恶化中国企业对美国直接投资的环境，尤其是针对核心尖端技术等相关领域的投资；其二，将进一步加强对华技术出口管制，或在实体清单中列入覆盖范围更广的中国科技企业及机构，或以"涉嫌盗窃商业秘密和欺诈"等为由对更多的中国科技企业及机构提起诉讼和制裁，或针对更多的中国科技公司进行全面封杀等；其三，可能会颁布更多禁令来限制中美两国间的科技人员交流，例如，禁止中国科技人员赴美交流或审查美国技术论文、限制中国相关领域的留学生入境、强迫美国科技公司停止雇用中国员工等。这将不可避免地迫使美国科技产业逐步疏离与中国之间的关系，并企图让中国无法获得美国任何先进的科技资源，强行阻断中美两国科技领域交往的潜在可能。

为进一步阻碍"中国制造2025"的成功实施，减缓中国由制造业大国向制造业强国的转变速度，美国很可能会出台一系列强有力的措施以限制中国科技产品的出口。一方面，可能会加大对中国科技产品在美国交易的限制，例如，更大规模地禁止中国科技产品在美国出售，禁止联邦政府与范围更广的中国科技公司开展业务等；另一方面，可能会向更多的国家或地区宣传中国科技产品“存在潜在的安全威胁”等，以此来敦促、警告或强制其他国家或地区限制中国科技产品在本国交易、禁止中国公司参与5G网络建设等，并要求更多的国家和国际组织设立对中国更为严苛的审查和管制制度。例如，2020年7月14日，英国政府以“维护英国电信网络长期安全”为由决定，自2021年起禁止该国移动运营商购买华为5G设备，并在2027年前将华为排除出英国的5G设备供应。可以明显看出，“十四五”时期，中美科技大战将更加激烈。

（三）国际金融领域

从中美两国间金融的视角看，“十四五”时期，美国必然会以更多样化的方式扰乱我国金融市场，设法从金融领域遏制我国的崛起，而我国则主要是保持战略定力，坚持做好自己。

1. 现阶段中美两国间的金融

现阶段，中美两国在金融领域中的斗争虽然在不断升级，但其激烈程度和影响程度尚不如贸易战和科技战。首先是美国对中国汇率市场的干预。2019年8月6日，美国财政部将中国列为“汇率操纵国”，这是25年来美国首次认定中国为“汇率操纵国”；但是，这一指控是没有根据的，中国并不符合美国指定的“汇率操纵国”标准，且该举措遭到中方、经济学界和权威国际机构的普遍反对。2020年1月13日，美国财政部取消对中国“汇率操纵国”的认定。

其次是禁止美国养老基金投资中国市场等计划。2020年5月11

日，美国总统唐纳德·特朗普、白宫经济顾问拉里·库德洛、国家安全事务助理罗伯特·奥布莱恩和美国劳工部长尤金·斯卡利亚纷纷通过行政指令和书信向独立机构联邦退休节俭投资理事会施压，以投资中国上市公司带来投资、国家安全和人道主义担忧为由，要求该机构所管理的一个联邦养老金停止转换投资跟踪指数的计划；5 月 13 日，理事会宣布，将无限期推迟对某些中国公司的投资计划，在追踪明晟指数方面推迟 400 亿美元国际资金的划拨。

再次是阻碍中资企业赴美上市。根据路透社报道，2020 年 5 月 19 日，纳斯达克交易所出台新规，将要求“限制性市场”企业的首次公开募股募资额达到 2500 万美元以上，或至少达到上市后市值的 1/4，这将不可避免地加大部分中国公司在纳斯达克上市的难度。2020 年 5 月 20 日，美国参议院一致通过了《外国公司问责法案》，对在美上市的外国企业提出额外信息披露要求。根据法案，要求在美上市的外国公司不受外国政府拥有或控制，并且如果发行人连续三年不能满足美国公众公司会计监督委员会对会计师事务所的要求，那么将面临在美国禁止交易的代价。很明显，这一法案将与中国有关法规相冲突，可能会让在美国上市的中国概念股面临两难境地，甚至导致大量退市。2020 年 5 月 22 日，中国概念股普遍大跌，京东跌幅超过 5%；阿里巴巴、百度、爱奇艺、搜狗、华住酒店集团均跌 6%左右；网易、汽车之家、金山云均跌 7%左右，微博、陌陌、搜狐、斗鱼、虎牙均跌 9%左右；前程无忧、欢聚时代大跌超过 12%。①

① 数据来源于东方财富网行情中心。

2. “十四五”时期中美两国间的金融

新冠疫情期间，美国资产市场泡沫再一次破裂，导致全球尤其是发达经济体资产市场暴跌，而中国金融市场与全球相比则表现出较好的稳定发展态势。并且，随着中国金融领域逐渐向高质量发展转变，美国为阻碍中国在全球金融体系中地位的提高，必然会“无所不用其极”地采取更多举措发动金融战。

一方面，将以干预股市、债市、期市、汇市交易的方式，扰乱我国金融市场。其一，可能会通过舆情监管或直接通过做空工具，以低资金撬动股市，做空股市，造成中国股票市场大幅波动；其二，可能会加大力度批评中国的债务率和杠杆率，尤其是地方政府债务和民企债务，而后利用其控制的强大国际评级机构下调中国的主权和企业信用评级，做空中国资产，大幅提高融资成本，进而导致债券抛售，推动债市危机；其三，可能会与芝加哥商品交易所“勾结”，试图操纵所有期货及大宗商品价格，还利用美国农业部“权威”报告操纵农产品期货价格；其四，可能会通过认定中国为“汇率操纵国”、单独或联合他国、短期内迅速做空人民币等手段施压，迫使人民币汇率大幅升值，进而引发投机和国际收支账户的恶化。

另一方面，将以限制全球金融机构与中国交易的方式，限制中外直接金融交易。其一，可能会限制或禁止中资企业进入美国市场融资，中国概念股则会面临越来越严格、越来越有针对性的打压，如以更为严苛的条件和程序阻止中资企业赴美上市、做空中资股逼迫中资股退市等；其二，可能会限制或禁止美国基金投资中国，如以更强有力的禁令阻止美国养老基金投资“被视为构成国家安全风险”的中国股票等；其三，可能会利用其控制的全球跨境支付系统，对中国金融机构、实体企业、个人发起金融制裁，切断清算、结算与支付渠道等；其四，可能会大力游说或强制其他国家的金融机构限制或禁止与中国交易，进而致使中外直接金融交易受阻。

更有甚者，将出现以一定借口部分冻结或没收我国海外资产等极端情况。可能会动用紧急状态法，冻结中国持有的美国资产，如美国国债等；限制或禁止用美国资产进行交易，实施金融制裁；停止向中国支付利息，甚至宣布对中国违约等。

第二节

国际形势的新变化给我国发展带来的挑战和机遇

一、国际形势的新变化给我国发展带来的挑战

（一）影响我国从外部吸取人类文明发展的成果

1. 影响我国从外部吸取人类文明发展的科技成果

“十四五”时期，发达经济体将以更多强硬的限制措施阻碍我国由科技大国向科技强国的转变，主要通过限制科技人员交流、加强技术管制等措施，影响我国在基础研究、应用研究和开发研究等领域与外部的交流，会不可避免地降低外部技术成果流入我国的速度。

首先，将阻碍我国吸取外部基础研究成果。由于基础研究是指为获得关于现象和可观察事实的基本原理及新知识而进行的实验性和理论性工作，因此其成果一般会以论文、专著等形式发表、出版或在学术会议上交流。为切断建设创新型国家的根本动力和源泉，发达经济体可能会采取停止我国在国外网站浏览、查看、下载论文或专著的权限，限制或禁止我国参加国际关于前沿基础科学研究领域的会议等举措，将继续恶

化我国发展基础研究的外部环境。

其次，将阻碍我国吸取外部应用研究成果。由于应用研究是指为获得新知识而进行的创造性研究，主要是针对某一特定的实际目的或目标，因此其成果主要包括科学论文、专著、原理性模型或发明专利等。一方面是以确定基础研究成果可能的用途为目的的应用研究，外部基础研究成果的流入受阻必然也将导致应用研究成果的流入受阻；另一方面是以为达到预定的目标探索应采取的新方法（原理性）或新途径为目的的应用研究，除禁止我国参与国际交流或审查论文、专著外，发达经济体还可能会颁布更多专利权限制以禁止我国实施运用其发明专利，将继续恶化我国发展应用研究的外部环境。

最后，将阻碍我国吸取外部开发研究成果。由于开发研究是指利用应用研究的成果和现在的知识与技术，创造新技术、新材料和新产品，因此是一种以生产新产品或完成工程技术任务为内容而进行的研究活动。发达经济体可能会通过限制中国企业对美国直接投资，加强对华技术出口管制，停止雇用中国员工等措施，强行推动中国与其他国家“科技脱钩”，将继续恶化我国发展开发研究的外部环境。

2. 影响我国从外部吸取人类文明发展的管理成果

“十四五”时期，发达经济体将主要通过限制或禁止我国管理人员赴国外学习等办法来影响我国吸收和借鉴国外企业、金融机构、政府等的先进且成功的管理思想和经验，达到三方面的效果：

一则阻碍我国企业吸取外部管理思想或经验。企业要想尽可能地利用人力、物力、财力、信息等资源，实现省、快、多、好的目标，取得最大的投入产出效率，就离不开企业管理。发达经济体的一些发展速度迅猛或世界500强企业的管理思想或经验对我国企业管理是有助益的。但是，发达经济体为阻碍我国企业世界地位的提升，可能会限制分享优秀的管理思想或经验，禁止我国企业管理人员参观调研，停止中国员工担任国外企业管理层等。

二则阻碍我国金融机构吸取外部管理思想或经验。提升金融机构的运行效率，防范化解金融风险，做好金融机构管理是不可或缺的。发达经济体金融机构历史悠久，现有国际金融体系更主要是在发达经济体管理下运行的，他们在实践中积累了许多管理思想和经验。这些金融机构的风险管理、内控管理的成功思想或经验，对我国完善自身金融体系和金融管理、参与国际金融管理和竞争，有很重要的借鉴作用。在未来的五年里，发达经济体可能会通过限制人员交流，限制我方参与国际金融运行管理等方式，阻碍我学习相关管理经验。

三则阻碍我国政府吸取外部管理思想或经验。提高由我国主导的国际机构管理效率，增加我国在国际事务中的参与程度，良好的政府管理是必不可少的。目前，在国际社会各个领域中起着关键作用的国际机构仍是以发达经济体为主导建立的，他们在组织、发展和完善这些国际机构的过程中积累了丰富的管理思想和经验。并且，发达经济体在处理国际事务中仍具有主导权，他们处理大大小小事务的能力也相对更强。这些提高国际机构决策和执行效率、促进国际事务参与和处理得当的成功管理思想或经验，是值得我国吸收借鉴的。未来五年，发达经济体可能会采取限制我国政府参与国际机构管理，削弱我国在处理国际经济事务中的地位等举措，减少或阻断我国与发达经济体在国际机构管理中的思想和经验交流，营造不利于吸收优秀管理成果的外部环境。

3. 影响我国从外部吸取人类文明发展的人才成果

"十四五"时期，尽管中国实力地位的提升以及科技的迅猛发展将吸引更多海外人才来华工作，但发达经济体更为激烈的打压则会给我国经济社会发展带来诸多不确定性，在一定程度上降低我国对外部高科技研发人才和高水平管理人才的吸引力，影响我国对海外高层次人才的吸纳。

首先，在国际上营造与我国对立的舆论，影响我国从国际上吸引人才。可能会通过互联网、新闻媒体等渠道大肆宣扬"中国威胁论""中国崩溃论"等，迫使我国与其他国家的关系变得更加复杂和脆弱，将导致其他国家限制高层次人才流入我国；可能会采取愈发"朝令夕改"的对华政策，将导致我国的内外部环境面临更大的不确定性，海外高层次人才则会受不确定性影响对我国企业（尤其是高科技企业）的发展前景感到迷茫，进而降低来华工作、交流等的意愿，不可避免地导致我国吸引外部高科技研发人才和高水平管理人才的能力下降。

其次，在制度上限制国际人才的旅行可能，影响我国使用国际人才。可能会颁布法令全面提高发达经济体国内高科技研发人才和高水平管理人才的薪酬或奖励，使其工作收益高于中国，以减少高层次人才向我国流动；可能会直接限制或禁止高层次人才流入我国，或限制输入数量，或限制输入领域（如禁止在高科技领域的人才输入我国等）；还可能会出台和完善一系列移民政策，打响全球范围内的人才争夺战，争相吸引海外高素质人才入驻，在一定程度上降低我国对外部高层次人才的吸引力。

最后，限制我国公民赴海外学习，影响我国公民在海外成才并为母国服务。可能会加大力度限制我国公民赴海外留学或进行学术交流，或直接禁止某些专业或研究领域（如在商业管制清单中的研究学科），或收紧签证增加审查难度以限制人数；可能会针对已经在海外的留学生或学者种族歧视，将增加他们在海外获得优质教育和学习资源的难度，减少成为高层次人才的可能。两相合力，将不利于我国公民在海外成才后，归国工作并为我国服务。

（二）影响我国从世界市场发展中获得发展的助动力

1. 影响我国从世界贸易市场发展中获得发展的助动力

“十四五”时期，发达经济体为扭转对华贸易逆差或削弱中国世界第一大贸易国的地位，将通过包括进行贸易战在内的各种措施对我国的国际贸易进行打压，恶化我国的国际贸易环境，影响我国从国际货物和服务市场的发展中获得发展的助力。

一方面，降低世界市场对我国货物和服务的需求。首先，发达经济体或通过加征关税等措施提高从我国进口货物和服务的成本，或通过直接禁止从我国进口某些货物或服务等措施减弱我国的出口能力，两相合力，必将减少发达经济体对我国货物和服务的需求；其次，为阻遏我国与其他国家的贸易往来，发达经济体将继续以维护“电信网络长期安全”为由游说、施压、强制其他国家禁用中国产品，尤其是高科技产品，不可避免地减少世界市场对我国高端产品的需求；最后，为进一步阻遏中国的崛起，发达经济体将继续采取强制措施推动全球产业链“去中国化”，削弱我国在全球产业链中的地位，由此造成的制造业回流、国外企业搬离中国等，将不可避免地减少世界市场与我国的贸易往来。

于是，世界市场对我国货物和服务的需求将减少，出口贸易则会因此受阻。

另一方面，抬高我国从世界市场获得供给的成本。首先，发达经济体对中国发动贸易战必将使得我国对其进行反击，如加征进口关税等，不可避免地会增加我国从发达经济体进口货物和服务的成本；其次，为阻碍中国科技突飞猛进的发展，发达经济体将采取更为严苛的限制措施阻碍高科技产品（如芯片等）出口到中国，无疑会增加我国对高科技产品的进口成本；最后，发达经济体对我国的贸易制裁，使得我国某些货物或服务的进口要求助于其他国家，而其他国家可能会由于发达经济体的施压或强制而拒绝对中国出口，也可能会故意抬高出口价格进而增加我国与其他国家贸易往来时的进口成本。于是，我国从世界市场获得供给的成本将上升，进口贸易则会因此受到一定程度的限制。

2. 影响我国从世界金融市场发展中获得发展的助动力

“十四五”时期，发达经济体为破坏中国金融体系的稳定性或阻碍我国金融行业的高质量发展，将通过修改国际金融规则、把贸易战延伸到金融领域等办法对我国的国际资本流动进行压制，恶化我国发展的国际金融环境，影响我国从世界金融市场的发展中获取发展的助力。

一方面，最大限度地阻止国际资本流向我国。其一，为阻碍中国力量进一步增强，发达经济体将把贸易战延伸到金融领域，减少或切断中国的资金来源，例如，通过限制或禁止对我国投资、以“构成国家安全风险”为由劝诱或强制其他国家减少或停止对华直接投资等方式，减弱我国利用国际金融资本进行资本积累的能力；其二，为阻碍我国金融稳定发展，发达经济体将通过修改国际金融规则、下调我国的主权和企业信用评级、直接干预我国金融市场等办法，加剧我国金融体系发展的不稳定性和不确定性，进而降低海外投资者对华投资意愿，不可避免地会减少国外对我国的直接投资。因此，国际资本流入我国将变得更加困难，影响我国通过世界金融市场进行资本积累。

另一方面，多方设法限制我国金融资本的国际成长。其一，发达经济体可能会采取更加激烈的措施阻碍我国金融市场的国际发展，例如，把国际金融规则修订得更加不利于我国金融资本全球化，加大对股市、期市、债市、汇市等的干预力度以阻碍我国金融资本融入世界等，必将使得我国金融资本国际化发展进程变缓；其二，为削弱人民币的国际影响力，发达经济体将限制或禁止以人民币结算，并向其他国家散播人民币存在“崩盘风险”以削弱其国际公信力，甚至不惜发动货币战争，导致人民币国际化进程受阻；其三，为削弱我国在全球跨境支付系统中的地位，发达经济体将把贸易制裁延伸到金融领域，如切断国际清算、结算与支付渠道等，导致我国参与跨境支付更加困难，必然会阻碍我国金融资本在世界的自由流动。因此，我国金融资本的国际成长将变得更有难度，影响我国最大限度地利用金融全球化的机遇。

（三）影响我国从全球产业链中获取竞争优势

1. 影响我国从全球高端产业链中获取竞争优势

“十四五”时期，发达经济体为解构由中国参与的经济体系的全球化，将以更大力度全面遏制我国全球产业链地位的提升，可能会在全球高端产业链进行竭力阻击，降低我国在全球产业链中的升级速度，增大升级的成本，削弱我国从全球高端产业链中取得竞争优势的能力。

首先是将降低我国向全球高端产业链迈进的速度。为阻碍我国更深层次地参与全球产业链，作为创新引领的发达经济体将加剧对创新追赶的中国的科技打压，可能会进一步加大技术性贸易壁垒、加强"技术封锁"等，以维护其长期以来的全球高端产业链垄断地位，减缓我国迈向全球高端产业链的进程。在打击既有的布局在我国的某些高端产业链的同时，降低新的高端产业链在我国布局的可能性，尤其是针对那些可能引发第四次科技革命和产业变革的科学技术，如核聚变、量子技术、生命科学、智能制造等，或那些影响产业竞争格局的重点领域，如高端芯片、基础软件、生物医药、先进装备等。其次是将增加我国在全球产业链中升级的成本。发达经济体为削弱我国在全球产业链中的地位，将采取更具强制性的措施，可能会通过限制对华的技术出口，增加我国研发新产品、发展新产业、构筑新业态的成本；可能会通过阻碍我国从海外市场中获取优质资本，增加我国在新产品投资中所需要的花费；可能会以发达经济体利益优先为原则迫使全球产业链重构，意图降低我国在国际分工格局中的地位或"去中国化"，增加我国参与重构和升级的成本。

2. 影响我国在全球中低端产业链中占据竞争优势

"十四五"时期，发达经济体还可能会加速推动资本流入比中国更具成本优势的其他新兴市场和发展中经济体，迫使原本在华的外资企业转移产能，加快形成其他新兴市场和发展中经济体在我国具有优势的中低端供应方面的竞争力，与我国竞争，削弱我国从全球中低端产业链中取得竞争优势的能力。

相较而言，其他新兴市场和发展中经济体（如东南亚国家）拥有比我国更低的劳动力、土地等生产要素成本，更低廉的海洋运输成本，更宽松的环境保护政策，更优惠的税收，对发达经济体而言具有很大的吸引力，不可避免地会增加制造业迁出我国的可能性。更重要的是，随着我国的国际地位日益提升，并成为全球唯一拥有联合国产业分类当中全部工业门类的国家，发达经济体越来越意识到，中国已经在全球产业链中拥有一定的控制力，将对它们长久以来维持的全球产业链主导权造成一定的威胁。新冠疫情的全球性暴发更加让发达经济体认识到，对我国产品的过度依赖可能在特殊时期给国家安全造成负面影响。于是，发达经济体将处心积虑地胁迫一些在华投资的企业加速生产回流本土，或是实施在其他新兴市场和发展中经济体“备份”的策略，把部分订单转移到其他国家或地区，以减少对“中国制造”的高度依赖，并为以后生产线全部撤离中国打下基础。多力并举，将提高其他新兴市场和发展中经济体在全球中低端产业链上的竞争力，与我国的中低端产业竞争则会更加激烈，削弱我国在全球产业链中的既有优势。

二、国际形势的新变化给我国发展带来的机遇

（一）为推进人类命运共同体的建设提供了契机

“十四五”时期，虽然因发达经济体试图遏制我国的发展而人为设置障碍，导致我国与发达经济体的联系出现更多阻碍，但“和平与发展仍然是时代主题”，总体上国际形势的变化是有利于中国和整个世界实现更紧密的联系的。一方面，人类命运共同体理念将更加容易被世界各国所接受；另一方面，中国方案也将越来越得到社会各界的认同和支持。

1. 人类命运共同体理念将更加深入人心

新冠肺炎疫情在全球暴发后，构建人类命运共同体的紧迫性和重要性尤为凸显，并将得到世界各国现阶段及未来的高度重视。正如习近平总书记指出的那样，“新冠肺炎疫情的发生再次表明，人类是一个休戚与共的命运共同体”。以中美两国在新冠疫情期间的所作所为为例，高下立判。中国秉承人类命运共同体理念，在全球抗击疫情过程中贡献中国力量、提供中国经验。不仅毫无保留地同世界卫生组织（WHO）和国际社会积极主动地分享防控和治疗经验，还尽己所能地为世界绝大多数国家和地区提供物资援助和医疗技术援助。反观美国，在国内疫情迅速恶化的同时，还以“美国优先”为目标屡屡发起制裁或“退群”，严重阻碍全球抗疫进程。其中，最为严重、造成影响最大的当属美国退出WHO。中美两国在疫情期间的所作所为形成鲜明对比，中国在全球抗疫中推动构建人类命运共同体的具体行动得到了广泛认同，而美国则只会因其损人不利己的行为而引发社会各界的广泛批评。经此疫情后，人类命运共同体的理念必将成为世界各国未来发展的重要指引。

“十四五”时期，中美两国力量对比的差距将以更快的速度缩小，中国在世界经济中的地位会越发重要，其在处理全球事务中的话语权也就越来越高。一方面，中国将更有能力让人类命运共同体的理念在世界传播得更开、更广、更深，也会有能力采取更多实际行动来践行这一理念；另一方面，世界各国会因中国崛起而越来越重视中国提出的倡议、理念、举措等，人类命运共同体理念则更加容易被国际社会所接受，愿与世界各国共同进步的实际行动也会得到普遍支持。更重要的是，新兴市场和发展中经济体的群体性崛起，在很大程度上归功于中国合作共赢思想的传播和实践，中国不仅能够为其提供发展经验，还能够以实际行动团结并带动其共同进步，为人类命运共同体的建设提供了更坚实的基础。首先，已经取得一些发展成果的新兴市场和发展中经济体为实现更大的进步，将继续秉承这一发展理念；其次，也会吸引更多国家开始反思、赞扬、学习这一发展模式，美式自由主义模式“一家独大”的形式将被削弱。

2. 中国“一带一路”倡议将为全球化破除阻碍

“十四五”时期，“逆全球化”暗流将更加汹涌，世界贸易发展、资本流动和人口流动都会受到更大程度的阻遏，对于那些需要通过从国际交流中获得发展资源的国家（尤其是新兴市场和发展中国家）来说，只能另寻出路。而正在迅速崛起的中国提出的方案，不仅有利于这些国家获得发展资源，还可以为破除全球化阻碍贡献巨大力量。因此，能够为世界发展提供新的全球性公共产品的“一带一路”倡议，则必然将得到更多的认同。根据安永会计师事务所的《引航》（第四期）报告，截至2020年1月，中国累计已与138个国家和30个国际组织签署了200份共建“一带一路”合作文件，覆盖范围进一步扩大，“推动共建‘一带一路’高质量发展”必将在未来五年为全球化破除阻碍。

首先，将破除世界贸易发展的阻碍。根据海关总署介绍，我国与“一带一路”沿线国家贸易规模持续扩大，2014—2019年贸易值累计超过44万亿元，年均增长达到6.1%，并且我国已经成为沿线25个国家最大的贸易伙伴。随着中国的迅速崛起，加之美国范围更大的贸易制裁，“一带一路”沿线国家必将形成更大的贸易规模，为世界贸易发展提供动力。其次，将破除国际资本流动的阻碍。随着中国力量的增强，由中国主导构建的亚投行和丝路基金将实现进一步的发展，为参与国的对外投资和吸引外资提供更加便捷的平台，国际资本流动也随之得到助力。最后，将破除全球人口流动的阻碍。随着贸易和资本流动在沿线国家间的发展，互联互通将更为密切，交流合作也更加深入，人口流动规模则会进一步扩大，为全球人口流动增添活力。

（二）给我国创新发展增添了动力

1. 为我国创新发展营造出更好的环境

“十四五”时期，其他科技强国，尤其是美国，将进一步加强对华技术出口管制、限制中国企业对国外核心尖端技术的直接投资、阻碍国家间科技人员交流等，进而阻遏我国从外部吸收科技成果。但更重要的是，更为严重的打压必将迫使我国采取强有力的举措，“完善国家创新体系，加快建设科技强国”。

一则为创新发展营造出更好的内部环境。随着国外高科技产品和技术的输入减少，国内市场需求必然将得不到满足，导致高科技企业或机构以及国家整体发展受阻，若不采取反制措施任由其欺凌则会增加沦为科技殖民地的风险。有鉴于此，我国自身的创新发展显得尤为重要，不仅能够弱化发达经济体对我国打压造成的消极影响，还可以通过自主创新提升我国整体的科技水平，减少对国外高科技产品和技术的依赖。例如，美国全面封锁华为芯片采购，使得华为的发展受到巨大的阻碍，将迫使我国不得不开始自主研发中高端芯片（如华为将投入巨资研发光电芯片，逐步取代现有的半导体芯片等）以满足国内市场需求。值得强调的是，“强化国家战略科技力量，提升企业技术创新能力，激发人才创新活力”离不开科技体制机制的深化改革以及对科技和教育投入的聚焦，例如，将阻碍创新发展的“玻璃门”“弹簧门”“旋转门”彻底拆除，对技术研发依据创新难度、成果大小等情况分类给予支持，加大对培养高层次创新型人才的投入，政府优先采购具有自主知识产权的产品，加强知识产权保护等。“十四五”时期，在发达经济体恶性打压更为严重的背景下，我国将更加重视自主创新能力的提升，加快全面深化改革进程，更聚焦于科技、教育的投入，更多地立足于自身的创新发展，营造出更好的、更利于发展的内部环境。

二则为创新发展营造出更好的外部环境。随着新兴市场和发展中经济体的崛起，发达经济体的科技压制将更为明显，若任由其继续压制，则会永远无法实现对发达经济体的赶超，甚至还会阻碍自身的经济发展。这就迫使我国与其他新兴市场和发展中经济体在科技领域必须紧密地联合在一起，实现合作共赢的局面。例如，来自中俄两国的300余位专家学者和科技代表在“2019中国—俄罗斯科技创新日”上，围绕人工智能、新材料、寒地技术等领域展开了交流与合作；2019年12月20日，我国在太原卫星发射中心用长征四号乙运载火箭成功发射中巴地球资源卫星04A星，该星是中国和巴西两国合作研制的第6颗卫星。“十四五”时期，在发达经济体的遏制之下，我国与其他新兴市场和发展中经济体必然将进一步加强科技创新的合作，并着力于合作的机制化、长期化建设，例如，推动和落实接地气、求实效、能共赢的项目，推进在高端科技领域的项目，建立高级别的科技创新对话机制，利用伙伴关系去获得、吸收和交换知识等。与此同时，“一带一路”倡议也为沿线国家展开科技合作提供了新的舞台，为打造科技创新共同体带来了新的契机。例如，2019年11月9日，2019中国（浙江）全球科技精准合作交流会暨“一带一路”国际科学组织联盟青年科学家研讨会在杭州举行，来自全球30多个国家和地区的逾500名代表围绕生命健康、基础科学支撑可持续发展、数字经济（互联网+）等主题进行了交流与分享。两相合力，我国将在“十四五”时期，破除发达经济体打压我国科技发展的阻碍，营造出更加良好的外部环境。

2. 加快我国战略性新兴产业集群的发展

“十四五”时期，受新冠疫情的后续影响，加之以美国为代表的发达经济体改变以中国为中心的全球供应链体系的紧迫感增强，这将不可避免地加剧全球产业链“去中国化”的巨大风险。但随着中国的崛起，我国不仅有能力顶住压力，还将采取行之有效的措施，“加快发展现代产业体系，推动经济体系优化升级”。

发达经济体的打压必然使我国重新审视在全球产业链中的地位和作用，为规避全球产业链“去中国化”的风险，不得不“坚定不移建设制造强国、质量强国、网络强国、数字中国，推进产业基础高级化、产业链现代化，提高经济质量效益和核心竞争力”。一方面，发达经济体有意让制造业企业回流或搬出中国，我国就必须对目前已具备优势的产业链，包括5G、高铁、电力、冶金、建材、机械、造船、家电、轻纺等，实施产业基础再造和技术提升工程，使其变得更加具有不可替代性，以巩固和加强国际领先地位。另一方面，目前我国高技术产业链尚未形成优势，如战略性新兴产业方面的产业链，包括人工智能、云计算、工业互联网、物联网、生物技术、航空航天、新能源、新材料、先进制造等，面对发达经济体的科技打压以及有意推动全球产业链“去中国化”，我国就必须加快在全球产业链中补“断点”通“堵点”，打造战略性和全局性产业链，培育壮大形成新兴优势产业集群。“十四五”时期，应对发达经济体更为严重的打压，我国必将加快产业结构升级，推动战略性新兴产业集群的发展，打造世界级先进制造业聚集区，不断强化和完善自身产业链，使中国的产业结构更多地立足于自身的创新发展。

（三）推动国际格局向有利于我国发展的方向转化

1. 有利于我国在当前国际格局中发挥更大的作用以推动变革

“十四五”时期，我国在国际组织中将拥有更高的投票权权重，以我国为主导建立的国际治理平台在处理世界经济事务中也会发挥越来越大的作用，并有更大的能力举办重要国际会议。也就是说，我国在“积极参与全球经济治理体系改革”中的话语权将进一步扩大，与之相对应的必然是有能力推动现有国际格局朝着有利于我国发展的方向变革。

一则推动全球产业分工格局向有利于我国发展的方向变革。中国在处理全球经济事务中的话语权扩大，将提升其在全球产业链、供应链、价值链中的地位，也就有了在全球产业分工格局中更大的影响力，使得我国有机会选择一些有利于从国际分工中获取更多利益的产业去负责生产，进而有助于推动我国的经济发展。但是，仅有选择的机会是远远不够的，必须拥有与选择相匹配的生产能力，这就迫使我国在“十四五”时期加快核心技术的突破，持续推动超大规模集成电路、航空发动机、数控机床、先进材料、生命健康等一些关键领域的发展，进而促进我国的科技进步和产业升级；反过来，在这些关键领域提高生产能力，必然将继续提升我国在全球产业分工格局中的地位。

二则推动世界金融格局向有利于我国发展的方向变革。中国在IMF、世界银行等国际金融组织中参与程度的提高，加之亚投行和丝路基金影响力的增强，必将提升其在世界金融格局中的地位。一方面，在金融领域规则制定方面，我国越来越多的观点和建议将被采纳，而这些观点和建议必然会为我国金融发展营造出良好稳定的国内国际环境；另一方面，人民币国际化程度将更高，不仅促进国际货币体系的重塑，还有助于我国减少在对外经济交往中的汇率风险，进而扩大交往规模，加速全面对外开放进程。

三则推动国际贸易格局向有利于我国发展的方向变革。中国在WTO等国际贸易组织中话语权的提升，以及“一带一路”倡议的顺利实施，将不可避免地增强其在国际贸易格局中的影响力。我国将在关税方面更有发言权，进而有能力调节关税以继续维持世界第一大贸易国的地位，调整对外贸易货物和服务的种类，增强企业的竞争能力；将在壁垒方面更有发言权，进而有能力打破壁垒以加快对外开放的步伐，促进营商环境国际化，推动中国企业走向世界；将在国际贸易规则制定方面更有发言权，进而开拓合作共赢新局面，推动我国的对外贸易更加能促进经济发展，并塑造一个有利于我国经贸发展的国际大环境。

2. 有利于为我国在塑造未来国际格局的进程中发挥更大作用奠定基础

“十四五”时期，我国和整个新兴市场和发展中经济体的实力地位将继续提升，为我国坚持全球化发展方向提供了实力保证，不仅有利于与受“逆全球化”负面冲击的新兴市场和发展中经济体一起在塑造新的国际格局过程中发挥积极作用，也有利于为世界提供更多的“中国机会”。

一方面，以美国为代表的发达经济体掀起的“逆全球化”浪潮将对新兴市场和发展中经济体的群体性崛起产生负面影响，但这并没有抑制后者在塑造未来国际格局进程中所发挥的积极作用。其一，即使存在打压，但以中国为代表的新兴市场和发展中经济体的力量将继续增强，在全球产业分工格局、世界金融格局、国际贸易格局等的发言权则会不断提升。这也就意味着，新兴市场和发展中经济体与发达经济体力量对比更趋均衡将为坚持全球化发展和重塑国际格局提供实力保证。其二，我国将与其他新兴市场和发展中经济体扩大和深化合作以抵御“逆全球化”的负面冲击，这就决定了未来的国际格局是以合作共赢为核心的，为新的国际格局的塑造指明方向。并且，受打压的新兴市场和发展中经济体将联合在一起，意图改变现有的不公平的国际秩序和不稳定的全球环境，为塑造未来国际格局提供动力支持。

另一方面，我国在“逆全球化”浪潮中将表现出顽强的生命力，中国伟大复兴的势头非但不会被阻止，反而还会为世界提供更多的“中国机会”。因为，中国实力地位的提升将使得我国更有能力参与并引领国际格局的重塑，为在塑造未来国际格局的进程中发挥更大作用奠定实力基础；美国更为严密的防范围堵将更加激发我国对公平稳定的全球环境的渴望，为重塑国际格局注入新的中国动力；“一带一路”倡议、“人类命运共同体”理念将为构建合作共赢的新型国际关系提供新视角新依据，为打造新的国际格局提供更多的“中国机会”。

第二章

十四五

“十四五”时期经济社会的发展趋势和发展主题

“十四五”时期在我国经济社会的发展方位非常重要，是开启全面建设社会主义现代化国家新征程的起步期，也是全面建成小康社会成果的进一步巩固期；是推动经济社会发展再上新台阶的重要战略机遇期，还是落实新发展理念要求爬坡过坎的攻坚期；是国际经济政治格局深刻调整变化带来的重要挑战期，更是维护我国国家利益和经济安全的关键期。党的十九届五中全会审议通过的《中共中央关于制定国民经济和社会发展第十四个五年规划和二〇三五年远景目标的建议》（以下简称《建议》）对“十四五”时期经济社会发展作出全面部署，尤其是根据我国发展阶段、发展环境、发展条件变化，要求“十四五”时期要以推动高质量发展为主题，推动质量变革、效率变革、动力变革。

第一节

对“十四五”时期我国经济社会发展趋势的基本判断

“十四五”时期是我国经济社会发展进程中的重要阶段，发展机遇与风险挑战交织并存、各种不确定性更加明显突出出来。由此也引出了“十四五”时期的新特点，是开启全面建设社会主义现代化国家新征程的起步期，也是全面建成小康社会成果的进一步巩固期；是推动经济社会发展再上新台阶的重要战略机遇期，还是落实新发展理念要求跨过“中等收入陷阱”的攻坚期；是国际经济政治格局深刻调整变化带来的严重挑战期，更是维护我国国家利益和经济安全的关键期。当前，新冠肺炎疫情对经济确实有很严重的冲击，而且有些冲击还在延续甚至加深。但从未来五年看，我国经济稳中向好、长期向好的基本态势仍在延续，我国经济的韧性好、潜力足和回旋余地大的优势还在集聚，我国经济治理体系和治理能力现代化的水平正在提高，经过努力基本平均保持在5%～6%或5%左右的中速发展区间，致力于推动经济高质量发展的现代化经济体系建设取得新进展，不充分、不平衡的发展问题将得到明显改善，中国特色的社会主义现代化强国建设迈出关键一步。

一、开启全面建设社会主义现代化国家新征程的起步期，全面建成小康社会成果的进一步巩固期

党的十九大提出，到建党100年时把我国全面建成小康社会。以此为基础再奋斗30年，到新中国成立100年时，基本实现现代化，把我国建成社会主义现代化国家。从2020年到本世纪中叶可以分两个阶段来安排。第一个阶段，从2020年到2035年，在全面建成小康社会的基础上，再奋斗15年，基本实现社会主义现代化。第二个阶段，从2035年到本世纪中叶，在基本实现现代化的基础上，再奋斗15年，把我国建成富强、民主、文明、和谐、美丽的社会主义现代化强国。从全面建成小康社会到基本实现现代化，再到全面建成社会主义现代化强国，是新时代中国特色社会主义发展的战略安排。显而易见，“十四五”时期正处在把我国建成社会主义现代化国家的第一个阶段，即从2020年到2035年奋斗开始的5年。

讲“十四五”时期是开启全面建设社会主义现代化国家新征程的起步期，是好理解的，与党的十九大提出的奋斗目标是密切联系的。从党的十九大到党的二十大，是“两个一百年”奋斗目标的历史交汇期。我们既要全面建成小康社会、实现第一个百年奋斗目标，又要乘势而上开启全面建设社会主义现代化国家新征程，向第二个百年奋斗目标进军。从发展阶段看，“十四五”时期我国有可能从中等偏上收入国家开始跨入高收入国家行列（按世界银行的标准），工业化进入全新的人工智能制造时期，城镇化逐步进入成熟期，常住人口城镇化率达到65%～68%，市场化进入制度和法治完善的深度改革期，社会治理现代化进入全面推进

期。从发展动力看，“十四五”时期，因受疫情影响，外部拉动和国内投资总体上偏弱，但国内消费需求持续释放，“世界市场”培育更加壮观，大国超大型规模效应更加显现，成为中国经济增长的主动力和压舱石。从经济结构上看，制造业结构调整重构加速，新兴战略产业加速发展，新技术、新业态、新模式不断涌现，城镇化由高速增长转为中高速增长，第三产业比重持续提升，服务业成为经济增长的主导力量，农业的基础地位得到进一步巩固，农业现代化有新的突破，城乡结构、产业结构进一步优化。从发展平衡性上看，京津冀、粤港澳、长三角、长江经济带、成渝城市群等国家战略发力推进，区域发展的平衡性显著增强。随着乡村振兴战略和现代农业发展，城乡发展不平衡将得到缓解。“五位一体”总体布局深度推进并有新的拓展。正因为在如此重要的历史节点，我们必须开好局、开好头。

之所以说“十四五”时期是全面建成小康社会成果的进一步巩固期，一是因为全面建成小康社会的要求不低或者说是相当高的。党的十九大报告提出，到 2020 年我们要“建成经济更加发展、民主更加健全、科教更加进步、文化更加繁荣、社会更加和谐、人民生活更加殷实的小康社会”[①]。全面小康，覆盖的领域要全面，不能只是经济上的小康，是经济、政治、文化、社会、生态文明建设“五位一体”的全面进步，是不可分割的整体。全面小康，覆盖的人口要全面，覆盖的区域要全面。二是因为新冠疫情给全面建成小康社会带来了严峻挑战。经济方面受到的冲击和影响很大，因封城断路、无法复工、资金断链等问题，服

① 习近平：《决胜全面建成小康社会 夺取新时代中国特色社会主义伟大胜利——在中国共产党第十九次全国代表大会上的报告》，人民出版社 2017 年版，第 27 页。

务业受到的冲击最为严重，一些中小微企业倒闭破产，制造业也是举步维艰，好不容易复工复产，但供应链断了，还缺少新订单。“六稳”压力巨大。三是因为决胜全面建成小康社会要打赢的三大攻坚战还需持续。重大风险防范、精准脱贫、污染防治这三件事情，不能因为到了2020年就自然而然解决了。2020年以后这三件事情仍然存在，还需要我们做更多的努力。以脱贫攻坚为例，当前在部分领域存在疫情短期不利影响向长期趋势转变的潜在风险，第一是扶贫产业面临农资供给受阻与产品市场需求不足的双重挤压风险。第二是贫困群体就业面临国际经贸摩擦与贸易局势不确定双重叠加风险。第三是扶贫组织工作的推动面临脱贫攻坚与疫情防控双性双重压力风险。第四是致贫返贫面临生计脆弱与突发事件双重威胁风险。[①] 最近一段时间，习近平总书记多次就精准扶贫脱贫和全面建成小康社会发表重要讲话、作出指示。中央常委还约谈了部分县的县委书记，由此可见决胜脱贫攻坚压力是相当大的。我们说“十四五”时期是全面建成小康社会成果的进一步巩固期，就是要对全面建成小康社会成果要有辩证认识，要看到成绩，但还要看到困难。为了实现长远的宏伟目标，当下必须打牢基础。

二、推动经济社会发展再上新台阶的重要战略机遇期，落实新发展理念要求跨过“中等收入陷阱”的攻坚期

从重要战略机遇期的有利条件来看，一是新冠疫情的全球大暴发大

① 中央党校（国家行政学院）课题组（蒲实、郭晓鸣、高杰）：《关注疫情影响脱贫攻坚的四大风险》，中央党校《研究报告》2020年第34期。

流行对西方国家造成了很大的冲击，我国率先应对并逐步取得了主动。现在来看，西方一些国家的经济衰退是不可避免的。我国应对疫情取得了重要的成果，率先开始了复工复产的进程，比较好地把握住了“时间窗口”并争取了战略上的主动，经济继续保持发展的势头是可以期待的。二是我国改革发展的红利不断释放，推动从中等偏上收入国家向高收入国家迈进。新中国 70 多年特别是改革开放 40 多年，我国积累了雄厚的物质条件，能够应对各种风险，推动上升的强劲动能得以释放。“十四五”时期，若我国经济保持 5%左右的增长速度，到 2025 年左右，我国人均国民收入约达到 13770 美元，超过世界银行 2019 年划分的高收入底线（12616 美元），跨过所谓的“中等收入陷阱”，从而开始跻身高收入国家行列。三是开放水平和制度化程度提升，成为全球最安全最具有营商竞争力的区域。“一带一路”建设对冲外部风险效应凸显，服务贸易开放带来新的发展动力，加大适应国际化的经济法律制度开放，具有全球竞争力的营商环境能够有效吸引投资。四是从“世界工厂”向“世界市场”转变，制造业和超大规模市场融合的优势更加明显。我国工业体系完备，有全球最为完整的制造业产业链，具有对产业配套综合能力的优势。在此基础上，我国中等收入群体数量增长较快，供给侧结构性改革推动消费不断升级，“世界工厂”向“世界市场”转型带来巨大消费市场的优势。五是党的领导和中国特色社会主义制度优势能够保证我们集中力量办大事。这次抗击疫情，展现了党领导的社会主义制度优势，能够发挥市场在配置资源中的决定性作用，也能够更好地发挥政府的作用，注重把党和国家制度变成国家治理效能，国家治理体系和治理能力现代化水平不断提升。

如何理解“十四五”时期还是落实新发展理念要求爬坡过坎的攻坚期呢？党的十九大报告提出，我们的工作还存在许多不足，也面临不少困难和挑战。主要是：发展不平衡不充分的一些突出问题尚未解决，发展质量和效益还不高，创新能力不够强，实体经济水平有待提高，生态环境保护任重道远；民生领域还有不少短板，脱贫攻坚任务艰巨，城乡区域发展和收入分配差距依然较大，群众在就业、教育、医疗、居住、养老等方面面临不少难题；社会文明水平尚需提高；社会矛盾和问题交织叠加，全面依法治国任务依然繁重，国家治理体系和治理能力有待加强；意识形态领域斗争依然复杂，国家安全面临新情况；一些改革部署和重大政策措施需要进一步落实；党的建设方面还存在不少薄弱环节。[①] 这些问题到了“十四五”时期也会存在，有的可能更加突出，必须着力加以解决。这里需要突出强调的是，按照新发展理念提出的创新、协调、绿色、开放、共享有针对性地解决短板问题、卡脖子问题尤为紧迫，同时内部风险集聚，转型压力大，国内的经济安全和社会安全问题也十分突出，“安全”建设更加令人瞩目。“十四五”时期是经济社会剧烈转型阶段，转型压力加大，发展不平衡、不协调、不可持续问题仍然突出，产业调整、国有企业、人口政策、离退休制度、社会保障、对外开放等方面的改革难度不容小觑，经济增速换挡、结构调整阵痛、动能转换困难相互交织，金融风险、地方债务风险、产业链调整、就业压力等各类风险凸显，“六稳”工作更加严峻，特别是如何消化疫情防控期间出台的大规模的债务和金融流动性的风险，成为我国经济社会稳

① 习近平：《决胜全面建成小康社会 夺取新时代中国特色社会主义伟大胜利——在中国共产党第十九次全国代表大会上的报告》，人民出版社2017年版，第9页。

定能力的巨大考验。所以，新发展理念可以考虑适当拓展，可增加"安全"内容，突出"安全"的重要性。

三、国际经济政治格局深刻调整变化带来的严重挑战期，维护我国国家利益和经济安全的关键期

疫情之后全球经济政治格局将发生剧烈调整，我国的国际地位重要性更加凸显。疫情是人类历史上一个重要的分水岭。欧美主要经济体普遍面临下行压力，国际金融协会（IIF）3 月 23 日发布的《全球宏观观察》报告预测称，2020 年全球实际经济增长率为－1.5％。国际货币基金组织（IMF）4 月 14 日发布《世界经济展望》，预计全球经济增速为－3.0％。众多机构和专家预言，新冠肺炎疫情对全球造成严重经济损失，导致部分国家经济深度衰退，甚至需要警惕全球经济危机和经济衰退。而摩根斯坦利、高盛等投行也发表报告称，全球经济因受疫情影响已经正式进入衰退。国际货币基金组织认为这是 20 世纪大萧条以来最糟糕的经济衰退。国际货币基金组织副总裁在 2020 外滩金融峰会上表示，全球经济正在复苏，但全面复苏的过程可能十分漫长、坎坷，而且充满不确定性。预计全球经济 2020 年萎缩 4.4％。中国经济的前景将逆势而上，2020 年中国全年经济增长预计将达到 1.9％。中国经济的复苏将为亚太经济增长提供强大动力，也将为世界其他地区经济复苏作出积极贡献。当然由于疫情还在蔓延，中间也可能会出现一些反复和波动，因此想全面准确评估这次疫情对全球经济的影响，是极其困难的，甚至从某种意义上讲也是不可能的。但不论怎么说，疫情对全球经济影

响巨大，有些方面可能会超出我们的预想，西方国家经济衰退的警报已经拉响了。总之，这是二战后全球经济体面临的最大最严重的整体性威胁。

疫情之后，美国等西方社会的经济面临着重重矛盾和巨大压力，经济增速严重下滑，国际贸易和国际投资大幅收缩，衰退已经成为一个确定性的趋势。经济的衰退，给就业和社会稳定都会带来巨大的问题。由于全球经济发展整体趋缓，贸易保护、贸易壁垒加大，贸易摩擦加剧，不确定性增强，国际安全风险明显增大。全面建成小康社会，我国经济在世界经济的重要性进一步提升，我国在参与全球经济治理的能力更为增强。“十四五”时期面对外部冲击更大，外部环境更严峻，我国的国际安全重要性明显上升。我国经济虽然也有诸多困难和挑战，但我国经济长期向好的基本面没有变，仍有更大程度的稳中向好的基础，全面崛起已经成为不可扭转的趋势。我们要抓住这个有利时机，集中精力加快布局和发展，以稳制乱应万变、以稳健发展应对国际风险。我们要以更大的决心和努力，提高开放的水平，构建更为公正合理的全球经济治理体系，维护世界经济大局的稳定。

由于疫情防控长期化、常态化，发展的不确定性和风险相应加大。疫情之后，西方国家对全球化问题进行再认识，对中国的崛起反应会更加强烈，加之意识形态的差异，很可能防范封堵更加严密，我国产业链不仅面临全球化产业链“去中国化”的巨大风险，也面临发达国家和发展中国家从高低两端的夹击压力。[①] 美国对我国的遏制更加全面和强

① 中央党校（国家行政学院）课题组（张占斌、黄锟、王海燕）：《在疫情防控中守护我国制造产业链安全》，中央党校《研究报告》2020 年第 21 期。

化，中美之间的经贸、科技、金融等方面的博弈更加激烈，全面博弈竞争已经到来和展开，甚至不排除会出现局部的战争冲突，甚至冻结我国海外资产等极端情况。正因如此，维护我国国家利益和经济安全就显得极其重要。需要认真评估一下我们在海外的发展布局，包括“一带一路”一些重要的合作项目以及多方面的交流项目，采取更加稳妥的措施，确保我国海外利益和经济安全。

第二节

社会主义现代化强国建设新征程的发展目标与战略部署

党的十九届五中全会审议通过的《建议》，提出了社会主义现代化强国建设新征程的发展目标，对“十四五”时期经济社会发展作出全面部署。

一、“十四五”时期经济社会发展的主要目标

根据党的十九大对实现第二个百年奋斗目标作出分两个阶段推进的战略安排，综合考虑国内外发展趋势和我国发展条件，《建议》对“十四五”时期经济社会发展主要目标进行了具体安排。

——经济发展取得新成效。发展是解决我国一切问题的基础和关键，发展必须坚持新发展理念，在质量效益明显提升的基础上实现经济持续健康发展，增长潜力充分发挥，国内市场更加强大，经济结构更加优化，创新能力显著提升，产业基础高级化、产业链现代化水平明显提高，农业基础更加稳固，城乡区域发展协调性明显增强，现代化经济体

系建设取得重大进展。

——改革开放迈出新步伐。社会主义市场经济体制更加完善，高标准市场体系基本建成，市场主体更加充满活力，产权制度改革和要素市场化配置改革取得重大进展，公平竞争制度更加健全，更高水平开放型经济新体制基本形成。

——社会文明程度得到新提高。社会主义核心价值观深入人心，人民思想道德素质、科学文化素质和身心健康素质明显提高，公共文化服务体系和文化产业体系更加健全，人民精神文化生活日益丰富，中华文化影响力进一步提升，中华民族凝聚力进一步增强。

——生态文明建设实现新进步。国土空间开发保护格局得到优化，生产生活方式绿色转型成效显著，能源资源配置更加合理、利用效率大幅提高，主要污染物排放总量持续减少，生态环境持续改善，生态安全屏障更加牢固，城乡人居环境明显改善。

——民生福祉达到新水平。实现更加充分更高质量就业，居民收入增长和经济增长基本同步，分配结构明显改善，基本公共服务均等化水平明显提高，全民受教育程度不断提升，多层次社会保障体系更加健全，卫生健康体系更加完善，脱贫攻坚成果巩固拓展，乡村振兴战略全面推进。

——国家治理效能得到新提升。社会主义民主法治更加健全，社会公平正义进一步彰显，国家行政体系更加完善，政府作用更好发挥，行政效率和公信力显著提升，社会治理特别是基层治理水平明显提高，防范化解重大风险体制机制不断健全，突发公共事件应急能力显著增强，自然灾害防御水平明显提升，发展安全保障更加有力，国防和军队现代化迈出重大步伐。

二、“十四五”时期经济社会发展必须遵循的原则

“十四五”时期，要按照党的十九届五中全会对开启全面建设社会主义现代化国家的部署和各项要求，紧扣我国社会主要矛盾变化，统筹推进经济建设、政治建设、文化建设、社会建设、生态文明建设的总体布局，协调推进全面建设社会主义现代化国家、全面深化改革、全面依法治国、全面从严治党的战略布局，坚定不移贯彻创新、协调、绿色、开放、共享的新发展理念，坚持稳中求进工作总基调，以推动高质量发展为主题，以深化供给侧结构性改革为主线，以改革创新为根本动力，以满足人民日益增长的美好生活需要为根本目的，统筹发展和安全，加快建设现代化经济体系，加快构建以国内大循环为主体、国内国际双循环相互促进的新发展格局，推进国家治理体系和治理能力现代化，实现经济行稳致远、社会安定和谐，为全面建设社会主义现代化国家开好局、起好步。

一是坚持党的全面领导。坚持和完善党领导经济社会发展的体制机制，坚持和完善中国特色社会主义制度，不断提高贯彻新发展理念、构建新发展格局能力和水平，为实现高质量发展提供根本保证。

二是坚持以人民为中心。坚持人民主体地位，坚持共同富裕方向，始终做到发展为了人民、发展依靠人民、发展成果由人民共享，维护人民根本利益，激发全体人民积极性、主动性、创造性，促进社会公平，增进民生福祉，不断实现人民对美好生活的向往。

三是坚持新发展理念。把新发展理念贯穿发展全过程和各领域，构建新发展格局，切实转变发展方式，推动质量变革、效率变革、动力变革，实现更高质量、更有效率、更加公平、更可持续、更为安全的发展。

四是坚持深化改革开放。坚定不移推进改革，坚定不移扩大开放，加强国家治理体系和治理能力现代化建设，破除制约高质量发展、高品质生活的体制机制障碍，强化有利于提高资源配置效率、有利于调动全社会积极性的重大改革开放举措，持续增强发展动力和活力。

五是坚持系统观念。加强前瞻性思考、全局性谋划、战略性布局、整体性推进，统筹国内国际两个大局，办好发展安全两件大事，坚持全国一盘棋，更好发挥中央、地方和各方面积极性，着力固根基、扬优势、补短板、强弱项，注重防范化解重大风险挑战，实现发展质量、结构、规模、速度、效益、安全相统一。

三、社会主义现代化强国建设新征程的战略部署

新发展成就奠定了开启新征程的坚实基础。全会高度评价决胜全面建成小康社会取得的决定性成就，认为“十三五”时期我国全面深化改革取得重大突破，全面依法治国取得重大进展，全面从严治党取得重大成果，国家治理体系和治理能力现代化加快推进，党的领导和社会主义制度优势进一步彰显。我国的经济实力、科技实力、综合国力跃上新的台阶，预计 2020 年国内生产总值突破 100 万亿元。脱贫攻坚成果举世瞩目，5575 万农村贫困人口实现脱贫。建成世界上最大规模的社会保

障体系，人民生活水平显著提高。全面建成小康社会胜利在望，中华民族伟大复兴向前迈进了新的一步。这些成就来之不易，激励党和人民继续前行开启新征程。

新发展阶段揭示了我国所处的重要历史方位。全会提出“四个全面”战略布局中，第一个“全面”由之前的“全面建成小康社会”变为“全面建成社会主义现代化国家”，标志着我国即将迈入全面建设社会主义现代化国家的新发展阶段，开启第二个百年奋斗目标的新征程。新发展阶段的提出，表明我国即将胜利完成全面建成小康社会发展阶段的历史任务，进入基本实现社会主义现代化和建设社会主义现代化强国的新阶段，进入坚持和完善中国特色社会主义制度、推进国家治理体系和治理能力现代化的关键期，进入开启第二个百年奋斗目标即中华民族伟大复兴的新征程。我们所处如此重要的历史方位，更感到责任重大、使命光荣。“十四五”时期是新发展阶段的起步期，必须走出负责任、有担当的大党大国的气派来，为未来 15 年乃至 30 年，奠好基、开好局。

新发展理念为实现高质量发展提供方向引领。党的十九大把“坚持新发展理念”作为新时代坚持和发展中国特色社会主义的基本方略之一。新发展理念坚持问题导向、回应社会关切，深刻回答了新时代中国实现什么样的发展、怎样实现发展这个重大问题。全会强调坚定不移地贯彻落实新发展理念，强调创新在我国现代化建设全局中的核心地位。这是“十四五”时期我国用好重要战略机遇期，在国际竞争中赢得优势、赢得主动的重要法宝。“创新”发展强调科技创新，把科技自立自强作为国家发展战略支撑；“协调”发展注重区域重大战略，依托大都市群、大都市圈推进新型城镇化；“绿色”发展突出生产生活方式全面绿色转型，建设人与自然和谐共生的现代化；“开放”发展紧盯开拓合作共赢新局面，在更大范围、更宽领域、更深层次提升竞争优势；“共享”发展扎实推动共同富裕，不断增强人民群众获得感、幸福感、安全感，促进人的全面发展和社会全面进步。

新发展目标绘制的宏伟蓝图展现出大国优势。精彩更多体现在发展目标上，让人倍感振奋。在《建议》中提出了两个未来的发展目标，一个是“十四五”时期我国发展“六个新”的近期目标，也就是经济发展取得新成效，改革开放迈出新步伐，社会文明程度得到新提高，生态文明建设实现新进步，民生福祉达到新水平，国家治理效能得到新提升。近期目标充分考虑了我国当前的实际情况和发展潜力，基于发挥大国比较优势和后发优势经过努力是能够实现的，它是实现 2035 年远景目标的基础。还有一个就是到 2035 年“九个方面”的远景目标。远景目标规划了国家基本实现社会主义现代化的壮丽景象，关键核心技术实现重大突破，进入创新型国家前列，建成现代化经济体系，生态环境根本好转，人均国民生产总值达到中等发达国家水平，人的全面发展、全体人民共同富裕取得更为明显的实质性进展。这些重要的、肯定性的提法将进一步激发党和人民的奋斗激情，更加增强了我们对中国特色社会主义事业发展的自信。

新发展环境揭示了国内国外发生的深刻复杂演化。我国发展面临的国内外环境正在发生深刻复杂变化。从国际来看，世界百年未有之大变局进入加速演变期，一些国家保护主义、单边主义上升，世界经济进入经济下行期，国际经济、科技、文化、安全、政治等格局发生深刻调整，不确定性、不稳定性明显增加，世界进入动荡变革期。新冠肺炎疫情大流行影响广泛深远，经济全球化遭遇逆流，中国发展的外部环境日趋错综复杂。从国内来看，我国社会主要矛盾发生变化，经济转向高质量发展阶段，继续发展面临不少困难和挑战。发展不平衡不充分问题仍然突出，人民日益增长的美好生活需要日益迫切。重点领域关键环节改革任务艰巨，创新能力欠缺，科技急需自立自强，粮食安全还需加强，城乡区域发展和收入分配差距较大，生态环保、民生保障、社会治理等领域还需要补短板。我们既不骄横自大，也不妄自菲薄。要深刻认识我国社会主要矛盾变化带来的新特征新要求，深刻认识错综复杂的国际环境带来的新矛盾新挑战，增强机遇意识和风险意识，立足社会主义初级阶段基本国情，保持理性思维和战略定力，善于在危机中育先机、于变局中开新局。

新发展机遇清晰表达了对国际国内形势的战略研判。当前和今后一个时期，我国发展仍然处于重要战略机遇期，但机遇和挑战都有新的发展变化。从国内来看，全面建成小康社会胜利在望，我国已转向高质量发展阶段，制度优势显著，治理效能提升，经济长期向好，物质基础雄厚，人力资源丰富，市场空间广阔，发展韧性强劲，社会大局稳定，继续发展具有多方面的大国优势和条件。从国际来看，新一轮科技革命和产业变革深入发展，国际力量对比深刻调整，和平与发展仍然是时代主题，人类命运共同体理念深入人心。西方的治理体制在疫情面前不堪重击，而中国的治理体系和治理能力在应对大灾害面前展现出巨大的活力和优越性，全球治理体系呈现出“东升西降”态势。要胸怀中华民族伟大复兴的战略全局和世界百年未有之大变局，科学把握我国发展重要战略机遇期的新变化新特征，持久发力，稳中求进，积小胜为大胜，把握好我国发展利益与全球利益的最大交集，以更大信心奋力推进实现中华民族伟大复兴的历史征程。

新发展任务揭示了实现近期和远景目标的重要途径。这次全会锚定2035年远景目标，聚焦“十四五”时期发展规划，紧紧抓住突出问题和明显短板，提出多项战略性、创新性重要举措。加快发展现代产业体系，推动经济体系优化升级。形成强大国内市场，构建新发展格局。全面深化改革，构建高水平社会主义市场经济体制。优先发展农业农村，全面推进乡村振兴。优化国土空间布局，推进区域协调发展和新型城镇化。繁荣发展文化事业和文化产业，提高国家文化软实力。推动绿色发展，促进人与自然和谐共生。实行高水平对外开放，开拓合作共赢新局面。改善人民生活品质，提高社会建设水平。统筹发展和安全，建设更高水平的平安中国。加快国防和军队现代化，实现富国和强军相统一。这些战略性、创新性举措，回应人民群众诉求和期盼，对于牢牢把握发展主动权、重塑竞争新优势，确保我国发展行稳致远具有重大意义。

新发展格局提出了构建国内国际双循环的战略任务。自2020年5月以来，特别是两会以来，习近平总书记在多个场合强调，加快形成以国内大循环为主体、国内国际双循环相互促进的新发展格局。全会强调构建新发展格局，形成强大国内市场，畅通国内大循环，促进国内国际双循环。构建新发展格局，在《建议》中具有纲举目张的作用，是我们党对经济发展客观规律的正确把握和实践运用，这是主动作为，不是被动应对，是长期战略，不是权宜之计。新发展格局强调的是，国内国际双循环是相互促进，而不是国内经济的单循环，国内循环也是建立在国内统一大市场基础上的大循环，不能各自为政，不是每个地方都搞自我小循环，不能搞成省循环、市循环、县循环、乡循环。它构成了“十四五”规划的重要内容和突出特色，为展望2035年更长远的发展提供方向性引领。

第三节

“十四五”时期经济社会的发展主题

面对新的发展阶段、发展环境和发展条件，《建议》指出，“十四五”时期经济社会发展要以推动高质量发展为主题，这对于明确“十四五”时期的发展思路和重点任务，实现开好局、起好步具有重大意义。高质量发展是一场事关全局的深刻变革，也是一项艰巨的历史任务。

一、以高质量发展为主题的内在逻辑

“十四五”时期经济社会发展要以推动高质量发展为主题，这是党的十九届五中全会根据我国发展阶段、发展环境、发展条件变化作出的科学判断，推动高质量发展是解决新时代主要矛盾的基本路径，是主动应对中华民族伟大复兴战略全局和世界百年未有之大变局的战略抉择，是我国进入新发展阶段的内在要求。

（一）推动高质量发展是解决新时代主要矛盾的基本路径

中国特色社会主义进入新时代，我国社会主要矛盾已经转化为人民日益增长的美好生活需要和不平衡不充分的发展之间的矛盾。我国稳定解决了十几亿人的温饱问题，总体上实现小康，到2020年底将全面建成小康社会，人民美好生活需要日益广泛，不仅对物质文化生活提出了更高要求，而且在民主、法治、公平、正义、安全、环境等方面的要求日益增长。同时，我国社会生产力水平总体上显著提高，社会生产能力在很多方面进入世界前列，更加突出的问题是发展不平衡不充分，是发展质量问题，这已经成为满足人民日益增长的美好生活需要的主要制约因素。

我国社会主要矛盾的变化是关系全局的历史性变化，对党和国家工作提出了许多新要求。回顾我们走过的历史，在认识主要矛盾问题上，我们曾经犯过错误，走过弯路，给党和国家、人民带来很大伤害。40多年前党的十一届三中全会作出了重大决策，把全党的工作重点转移到社会主义现代化建设上来，开启了改革开放的伟大进程。在新的历史阶段，我们要认真总结历史经验教训，牢牢把握社会主要矛盾变化的科学判断，努力把我们党和国家的事情做好。以推动高质量发展为主题，牢牢把握我国社会主要矛盾的变化，在继续推动发展的基础上，着力解决好发展不平衡不充分问题，把发展质量问题摆在更为突出的位置，使发展成果更好惠及全体人民，不断实现人民对美好生活的向往，更好推动人的全面发展、社会全面进步。

（二）推动高质量发展是主动应对“两个大局”的战略抉择

“十四五”时期，我国发展环境面临深刻复杂变化。《建议》指出，“当前和今后一个时期，我国发展仍然处于重要战略机遇期，但机遇和挑战都有新的发展变化”。从国际大局来看，当前世界正面临百年未有之大变局，当今世界正经历百年未有之大变局，新一轮科技革命和产业变革深入发展，国际力量对比深刻调整，和平与发展仍然是时代主题，人类命运共同体理念深入人心，同时国际环境日趋复杂，不稳定性不确定性明显增加，新冠肺炎疫情影响广泛深远，经济全球化遭遇逆流，世界进入动荡变革期，单边主义、保护主义、霸权主义对世界和平与发展构成威胁。从国内大局来看，中华民族伟大复兴的战略全局，是近代170多年来实现中国梦的历史进程进入到最为接近实现这一目标的历史阶段，也是我国经济社会深度转型的关键期，经济社会发展面临较大压力。经过长期的探索和发展，我国制度优势显著，治理效能提升，经济长期向好，物质基础雄厚，人力资源丰富，市场空间广阔，发展韧性强劲，社会大局稳定，继续发展具有多方面优势和条件，同时我国发展不平衡不充分问题仍然突出，重点领域关键环节改革任务仍然艰巨，创新能力不适应高质量发展要求，农业基础还不稳固，城乡区域发展和收入分配差距较大，生态环保任重道远，民生保障存在短板，社会治理还有弱项。

“先谋于局、后谋于略，略从局出。”防范化解各类风险隐患，积极应对外部环境变化带来的冲击挑战，关键在于胸怀“两个大局”、统筹“两个大局”，努力办好自己的事，提高发展质量，提高国际竞争力，增强国家综合实力和抵御风险能力，有效维护国家安全，实现经济行稳致远、社会和谐安定。经济、社会、文化、生态等各领域都要体现高质量发展的要求。

（三）推动高质量发展是我国进入新发展阶段的内在要求

实现社会主义现代化是数代中国共产党人长期以来的不懈追求。新中国成立前夕，毛泽东在同苏共中央政治局委员米高扬会谈时指出，“要建设崭新的、现代化的、强大的国民经济”[①]。党的七届二中全会上，毛泽东强调，农业经济和手工业经济，是可能和必须“引导它们向着现代化和集体化的方向发展的”[②]。新中国成立后，中国共产党面临着恢复生产和发展生产力的任务，逐步提出了“四个现代化”的目标。1954 年 9 月 23 日，周恩来在第一届全国人民代表大会第一次会议上正式提出，为了摆脱落后和贫困，我国要“建设起强大的现代化的工业、现代化的农业、现代化的交通运输业和现代化的国防”[③]。这是党的文献中关于“四个现代化”的最早表述。1964 年 12 月 21 日，周恩来在第三届全国人民代表大会第一次会议上宣布了实现四个现代化的宏伟任务，即“把我国建设成为一个具有现代农业、现代工业、现代国防和现代科学技术的社会主义强国”[④]。1978 年 12 月召开的党的十一届三中全会，作出了把工作重心转移到社会主义现代化建设上的决定，“社会主义现代化建设”开始成为新时期党的文献中的高频词。1979 年 3 月 23 日，在中央政治局讨论国家计委 1979 年计划和国民经济调整时，邓小平在党内正式提出“中国式的现代化”，即是后来的“小康之家”“小康社会”。党的十二大和党的十三大把“社会主义现代化建设”的战略设想确定为全党和全国人民的长期奋斗目标。经过全党全国人民的积极探索和艰苦努力，到 1995 年，我国国民生产总值提前 5 年实现了翻两番。1997 年，我国人均国民生产总值又提前 3 年实现了翻两番，提前实现

① 金冲及：《毛泽东传（1893—1949）》，中央文献出版社 2004 年版，第 947 页。
② 《毛泽东选集》第 4 卷，人民出版社 1991 年版，第 1432 页。
③ 《周恩来选集》下卷，人民出版社 1984 年版，第 132 页。
④ 《周恩来选集》下卷，人民出版社 1984 年版，第 439 页。

了总体小康的奋斗目标。2000 年 10 月，党的十五届五中全会提出新的更高水平的小康社会奋斗目标，即从 21 世纪开始，我国进入了全面建设小康社会，加快推进社会主义现代化的新的发展阶段。从全面建设小康社会，到全面建成小康社会，再到决胜全面建成小康社会，经过 20 年的长期努力，截至目前，决胜全面建成小康社会取得决定性成就。全面深化改革取得重大突破，全面依法治国取得重大进展，全面从严治党取得重大成果，国家治理体系和治理能力现代化加快推进，中国共产党领导和我国社会主义制度优势进一步彰显，经济实力、科技实力、综合国力跃上新的台阶，经济运行总体平稳，经济结构持续优化，脱贫攻坚成果举世瞩目，生态环境明显改善，对外开放持续扩大，人民生活水平显著提高，文化事业和文化产业繁荣发展，国防和军队建设水平大幅提升，国家安全全面加强，社会保持和谐稳定。

实现全面建成小康社会标志着“中国式的现代化”得以实现，是“实现中华民族伟大复兴中国梦的关键一步”，中华民族伟大复兴向前迈出了新的一大步，社会主义中国以更加雄伟的身姿屹立于世界东方。2021 年开始，在决胜全面建成小康社会、实现第一个百年奋斗目标的基础上，我们要乘势而上开启全面建设社会主义现代化国家新征程，向第二个百年奋斗目标进军。党的十九大对实现第二个百年奋斗目标作出分两个阶段推进的战略安排，即到 2035 年基本实现社会主义现代化，到本世纪中叶把我国建成富强、民主、文明、和谐、美丽的社会主义现代化强国。《建议》提出到 2035 年基本实现社会主义现代化远景目标和“十四五”时期经济社会发展主要目标。这意味着，从“十四五”开始，我国将进入全新的发展阶段。习近平总书记在经济社会领域专家座谈会上指出，“‘十四五’时期是我国全面建成小康社会、实现第一个百年奋斗目标之后，乘势而上开启全面建设社会主义现代化国家新征程、向第二个百年奋斗目标进军的第一个五年，我国将进入新发展阶段”。新发展阶段揭示了我国所处的时代方位。新发展阶段的提出，表明我国即将胜利完成全面建成小康社会发展阶段的历史任务，进入基本实现社会主义现代化和建设社会主义现代化国家的新阶段，进入坚持和完善中国特色社会主义制度、推进国家治理体系和治理能力现代化的关键期，开启向第二个百年奋斗目标进军的新征程。进入新发展阶段，开启新征程，国内外环境的深刻变化既带来一系列新机遇，也带来一系列新挑战，是危机并存、危中有机、危可转机，必须以推动高质量发展为主题，坚定不移贯彻新发展理念，以深化供给侧结构性改革为主线，坚持质量第一、效益优先，切实转变发展方式，推动质量变革、效率变革、动力变革。

二、促进高质量发展的基本要求

高质量发展本质上就是贯彻和体现新发展理念的发展。“十四五”时期，促进高质量发展，其基本要求就是做到创新成为第一动力、协调成为内生特点、绿色成为普遍形态、开放成为必由之路、共享成为根本目的，把创新、协调、绿色、开放、共享的新发展理念贯穿于经济发展的全过程。

创新成为发展的第一动力。创新是中国迈向现代化强国的动力支撑，也是发展速度、质量、效能及核心竞争力的决定因素。面对“十四五”时期新发展阶段环境的变化，如果创新能力搞不上去，发展动力不能顺利实现转换，实现新时代经济高质量发展就难以做到，我们在全球大国博弈、发展竞争中就会处于下风。树立创新理念，使创新成为发展的第一动力，通过创新引领和驱动发展已经成为我国发展的迫切要求，事关中华民族是否能够实现伟大复兴。当前，我国经济发展正处于转型升级的关键时期，突破一系列瓶颈、解决深层次矛盾问题的根本出路和动力在于把发展基点放在创新上，要通过创新培育发展新动力。这就要求我们必须把创新摆在党和国家发展全局的核心位置，不断推进理论创新、制度创新、科技创新、文化创新等各方面的创新，让创新贯穿党和国家一切工作，让创新在全社会蔚然成风。

协调成为发展的内生特点。协调是中国迈向现代化强国的潜力优势，也是增强发展整体性协调性的手段和目标。在经济发展水平落后的情况下，一国或一地区一段时间的主要任务是要追求发展的速度，尽量跑得快一些，做大经济总量。但达到一定水平后，就要注意调整关系，多一些考虑上下左右、前前后后，注重发展的整体协调效能，否则“木桶”效应就会愈加显现，一系列社会矛盾会不断加深。我国发展不平衡、不协调是一个长期存在的问题。要树立协调发展理念，准确把握中国特色社会主义事业总体布局，学会运用辩证法，善于“弹钢琴”，处理好局部和全局、当前和长远、重点和非重点的关系，正确把握好发展中的若干重大问题，从当前我国发展中不平衡、不协调、不可持续的突出问题出发，找出短板并在补齐短板上多用力，通过补齐短板挖掘发展潜力、增强发展后劲。要着力推动区域协调发展、城乡协调发展、物质文明和精神文明协调发展，推动经济建设和国防建设融合发展，增强协调性、平衡性和整体性发展。

绿色成为实现发展的普遍形态。绿色是中国迈向现代化强国的时代风姿，也是实现可持续发展的文明底色。人与自然是一种共生关系，人类发展活动必须尊重自然、顺应自然、爱护自然。否则就会遭到大自然的报复，这个规律谁也无法抗拒。环境就是民生，青山就是美丽，蓝天也是幸福，绿水青山就是金山银山。保护环境就是保护生产力，改善环境就是发展生产力。伴随着社会从“盼温饱”到“盼环保”、从“求生活”到“求生态”的转变，人民群众对清新空气、干净饮水、安全食品、优美环境的要求越来越高，实现绿色发展越来越成为人民对美好生活的向往，成为对可持续和永续发展的追求。绿色成为实现发展的普遍形态，就是要深刻反思过去粗放增长方式，坚持节约资源和保护环境的基本国策，像保护眼睛一样保护生态环境，像对待生命一样对待生态环境，推动绿色发展方式和生活方式，促进人与自然和谐共生发展，建设生态文明的美丽中国，为全球生态安全作出新贡献。

开放成为国家繁荣发展的必由之路。开放是中国迈向现代化强国的鲜艳旗帜，也是党和国家、民族与时俱进的时代品格。历史经验和改革开放实践告诉我们，一个国家能不能富强，一个民族能不能振兴，最重要的就是看这个国家、这个民族能不能顺应时代潮流，掌握历史前进的主动权。开放带来进步，封闭必然落后。中国的发展离不开世界，世界的繁荣也需要中国。在全球化世界格局中，要想在与时代同行中发展壮大，就必须主动顺应经济全球化的时代潮流，坚持对外开放、扩大开放，充分运用人类社会创造的先进科学技术成果和有益管理经验。现在推进开放发展面临的国际国内形势与以往有很大不同，国际经济合作和竞争局面正在发生深刻变化，全球经济治理体系和规则正在面临重大调整，引进来、走出去在深度、广度、结构上都与过去所不能比拟，应对外部经济风险、维护国家经济安全的压力也是过去所不能比拟的。我国的开放发展的战略机遇期仍然存在但有新的内涵，同时面临的矛盾、风险、博弈也前所未有。比如，中美贸易摩擦存在不确定性，海外投资安全凸显、汇率市场风险加大、国际贸易持续低迷。在这种形势下，我们必须坚持对外开放的基本国策，靠积极主动的开放政策，统筹国内国际两个大局，解决好发展的内外联动问题。

共享成为中国特色社会主义的本质要求。共享是中国迈向现代化强国的奋斗方向，也是党和人民同心协力对美好生活的向往。让广大人民群众共享改革发展成果，是社会主义的本质要求，是社会主义制度优越性的集中体现，是我们党坚持全心全意为人民服务根本宗旨的重要体现。必须坚持发展为了人民、发展依靠人民、发展成果由人民共享，作出更有效的制度安排，使全体人民在共建共享发展中有更多获得感，增强发展动力，增进人民团结，朝着共同富裕方向稳步前进。共享理念实质就是坚持以人民为中心的发展思想，注重的是解决社会公平正义问题，体现的是逐步实现共同富裕的要求。其主要包括四层含义，一是全民共享，这是就共享的覆盖面而言的；二是全面共享，这是就共享的内容而言的；三是共建共享，这是就共享的实现途径而言的；四是渐进共享，这是就共享发展的推进进程而言的。[①] 当前在共享发展方面还面临着三大突出问题：一是存在较多农村贫困人口，脱贫攻坚任务繁重；二

---

① 中央文献研究室编：《习近平总书记重要讲话文章选编》，党建读物出版社、中央文献出版社2016年版，第403页。

是居民收入在国民收入分配中的比重和劳动报酬在初次分配中的比重仍然较低；三是居民收入差距、城乡收入差距、地区收入差距依然较大。“治国有常，而利民为本。”共享成为中国特色社会主义的本质要求，就是要在共建中实现共享、在共享中促进共建。主要有两个层面的事情，一方面是充分调动人民群众的积极性、主动性、创造性，举全民之力推进中国特色社会主义事业，不断把“蛋糕”做大。另一方面是不断把“蛋糕”分好，让社会主义制度优越性得到充分体现，让人们群众有更多获得感。[①]

三、推动形成高质量发展的体制机制

贯彻落实新发展理念，涉及思维方式、行为方式、工作方式的变革，涉及社会关系、利益关系、工作关系的调整，是“十四五”时期实现高质量发展的发展理念。新发展理念的确立总是同旧发展理念的破除相伴随的，贯彻落实新发展理念必须全面创新发展体制、重塑发展生态，在解决发展动力，增强发展的整体性、协调性、平衡性、包容性等方面破难题、建机制，使各项改革举措落地生根，确保新理念转化为新实践、新行动。

培育引领发展的强劲动力，构建创新发展体制机制。坚持创新在我国现代化建设全局中的核心地位，把科技自立自强作为国家发展的战略

---

① 如果从国际视野来看，共享也是解决世界和平与发展问题的必然要求。中国倡导世界共享发展，提出了人类命运共同体的理念，积极搭建国际合作的舞台，体现了中国大国的世界责任担当。

支撑，面向世界科技前沿、面向经济主战场、面向国家重大需求、面向人民生命健康，深入实施科教兴国战略、人才强国战略、创新驱动发展战略，完善国家创新体系，加快建设科技强国。一是强化国家战略科技力量。制定科技强国行动纲要，健全社会主义市场经济条件下新型举国体制，打好关键核心技术攻坚战，提高创新链整体效能。二是提升企业技术创新能力。强化企业创新主体地位，促进各类创新要素向企业集聚。推进产学研深度融合，支持企业牵头组建创新联合体，承担国家重大科技项目；发挥企业家在技术创新中的重要作用，鼓励企业加大研发投入，对企业投入基础研究实行税收优惠；发挥大企业引领支撑作用，支持创新型中小微企业成长为创新重要发源地，加强共性技术平台建设，推动产业链上中下游、大中小企业融通创新。三是深入推进科技体制改革，完善国家科技治理体系。优化国家科技规划体系和运行机制，推动重点领域项目、基地、人才、资金一体化配置。改进科技项目组织管理方式，完善科技评价机制，加快科研院所改革，加强知识产权保护，加大研发投入，完善金融支持创新体系，弘扬科学精神和工匠精神，健全科技伦理体系，促进科技开放合作。

增强整体发展的综合效能，构建协调发展体制机制。坚持实施区域重大战略、区域协调发展战略、主体功能区战略，健全区域协调发展体制机制，完善新型城镇化战略，构建高质量发展的国土空间布局和支撑体系。一要深入实施区域发展总体战略。推动西部大开发形成新格局，推动东北振兴取得新突破，促进中部地区加快崛起，鼓励东部地区加快推进现代化。支持革命老区、民族地区加快发展，加强边疆地区建设，推进兴边富民、稳边固边。二要大力推进优势增长极内部协同发展。以疏解北京非首都功能为“牛鼻子”推动京津冀协同发展，以共抓大保护、不搞大开发为导向推动长江经济带发展，加快推进长三角一体化进程，积极打造粤港澳大湾区，建设世界级城市群。三要推动城乡协调发展。加快农业转移人口市民化，推进有能力在城镇稳定就业和生活的农业转移人口举家进城落户，并与城镇居民享有同等权利和义务。深入实施乡村振兴战略，按照产业兴旺、生态宜居、乡风文明、治理有效、生活富裕的总要求，加快推进农业农村现代化。四要推动物质文明和精神文明协调发展。在建设高度发达的物质文明的同时，大力推进精神文明建设，确保“两个文明”成果为全体人民所共享。

坚持资源节约和生态保护，构建绿色发展体制机制。深入实施可持续发展战略，完善生态文明领域统筹协调机制，构建生态文明体系，促进经济社会发展全面绿色转型，建设人与自然和谐共生的现代化。一要从源头抓起，重塑内生动力机制，形成绿色发展方式与生活方式。加快建立绿色生产和消费的法律制度和政策导向，建立健全绿色低碳循环发展的经济体系，构建市场导向的绿色技术创新体系。二要全面加强生态文明体系建设。加快建立健全以生态价值观念为准则的生态文化体系、以产业生态化和生态产业化为主体的生态经济体系、以改善生态环境质量为核心的目标责任体系、以治理体系和治理能力现代化为保障的生态文明制度体系、以生态系统良性循环和环境风险有效防控为重点的生态安全体系。三要着力解决突出环境问题，构建以政府为主导、以企业为主体、社会组织和公众共同参与的环境治理体系。通过提高污染排放标准，强化排污者责任，健全环保信用评价、信息强制性披露、严惩重罚等制度，实现最突出环境问题的根本性解决。

坚持对外开放的基本国策，构建开放发展体制机制。坚持实施更大范围、更宽领域、更深层次对外开放，依托我国大市场优势，促进国际合作，实现互利共赢。一是全面提高对外开放水平，推动贸易和投资自由化便利化，推进贸易创新发展，增强对外贸易综合竞争力。二是完善外商投资准入前国民待遇加负面清单管理制度，有序扩大服务业对外开放，依法保护外资企业合法权益，健全促进和保障境外投资的法律、政策和服务体系，坚定维护中国企业海外合法权益，实现高质量引进来和高水平走出去。三是完善自由贸易试验区布局，赋予其更大改革自主权，稳步推进海南自由贸易港建设，建设对外开放新高地。四是稳慎推进人民币国际化，坚持市场驱动和企业自主选择，营造以人民币自由使用为基础的新型互利合作关系。发挥好中国国际进口博览会等重要展会平台作用。五是积极参与全球经济治理体系改革，坚持平等协商、互利共赢，推动二十国集团等发挥国际经济合作功能，推动完善更加公正合理的全球经济治理体系。

促进和维护社会公平正义，构建共享发展体制机制。坚持把实现好、维护好、发展好最广大人民根本利益作为发展的出发点和落脚点，尽力而为、量力而行，健全基本公共服务体系，完善共建共治共享的社会治理制度，扎实推动共同富裕，不断增强人民群众获得感、幸福感、安全感，促进人的全面发展和社会全面进步。一是发展更加公平更有质量的教育。深化教育改革，提高教育质量，促进教育公平，推动义务教育均衡发展，让每个适龄儿童都能接受公平的、高质量的教育，让全体人民都能获得共享教育改革的红利。二是实现更高质量就业。坚持就业优先战略，将就业优先政策置于宏观政策层面，彻底打破就业、创业市场上的壁垒与身份歧视，完善创业扶持政策，搭好创业平台，打造大众创业、万众创新的新引擎，创造更多参与共享发展的机会。三是全面推进健康中国建设。把保障人民健康放在优先发展的战略位置，坚持预防为主的方针，深入实施健康中国行动，完善国民健康促进政策，织牢国家公共卫生防护网，为人民提供全方位全周期健康服务。四是加强社会保障体系建设。建立更加公平更可持续的社会保障制度，实施全民参保计划，基本实现法定人员全覆盖，实现职工基础养老金全国统筹，建立基本养老金合理调整机制，全面实施城乡居民大病保险制度，统筹社会救助体系，推进相关制度的整合，确保困难群众基本生活。五是缩小收入差距迈向共同富裕。要站在社会主要矛盾发生转化的战略高度审视公平与效率的关系，加强和创新社会治理，在做大“蛋糕”的同时分好“蛋糕”，确保发展成果惠及全体人民群众，让人民群众有更多获得感，促进社会公平正义。六是加强和创新社会治理。完善社会治理体系，健全党组织领导的自治、法治、德治相结合的城乡基层治理体系，完善基层民主协商制度，实现政府治理同社会调节、居民自治良性互动，建设人人有责、人人尽责、人人享有的社会治理共同体。

第三章

“十四五”时期经济社会的发展思路

以推动高质量发展为主题，就要坚定不移贯彻新发展理念，以深化供给侧结构性改革为主线，坚持质量第一、效益优先，切实转变发展方式，推动质量变革、效率变革、动力变革，使发展成果更好惠及全体人民，不断实现人民对美好生活的向往。

十四五

第一节

以新发展理念引领经济社会发展全局

2015年10月26日，习近平总书记在就《中共中央关于制定国民经济和社会发展第十三个五年规划的建议》起草的有关情况，向党的十八届五中全会做说明中提出了创新、协调、绿色、开放、共享的新发展理念，强调以这五大发展理念为主线，对整个“十三五”规划进行谋篇布局，并且指出这五大发展理念是“十三五”乃至更长时期我国发展思路、发展方向、发展着力点的集中体现，也是改革开放多年来我国发展经验的最终体现，反映出我们党对我国发展规律的新认识。[①] 党的十九届五中全会强调坚定不移坚持新发展理念，把新发展理念贯穿发展全过程，构建新发展格局，切实转变发展方式，推动质量变革、效率变革、动力变革，实现更高质量、更有效率、更加公平、更可持续、更为安全的发展。新发展理念是关系我国发展全局的一场深刻变革。我们必须全面贯彻落实新发展理念，用新发展理念引领全局发展，把新发展理念转化为统筹全局的行动纲领、谋划发展的具体思路、落实发展任务的工作

① 《十八大以来重要文献选编》(中)，中央文献出版社2018年版，第774—775页。

举措、推动科学发展的实际成效。

一、以新发展理念引领发展变革

从党的十八届五中全会到现在已经过去五年多了，回过头来看一看，我们在落实创新、协调、绿色、开放、共享五个方面有许多新的进展，也有不少成绩。但是这个任务是不是完成了？应当说远远还没有完成，有些方面可能还不是令人满意。结合中美贸易冲突和新冠肺炎疫情防控，使我们更加深刻地感到，新发展理念不仅仅是“十三五”时期谋篇布局的主线，也是“十四五”时期谋篇布局的发展主线。必须以新发展理念为引领的旗帜，着力解决现实中的突出矛盾和短板弱项，为把我国建设成为富强、民主、文明、和谐、美丽的社会主义现代化强国奠定坚实基础。

历史反复告诉我们，理念变革引领发展潮流，关系发展成败。回顾我国改革开放以来的发展历程，从实践检验真理标准讨论到确立以经济建设为中心，从改革计划经济体制到建立社会主义市场经济体制，从加入世贸组织到引领经济全球化，每一次发展大跨越都是思想解放和理念变革的结果。当前和今后一个时期，是“两个一百年”奋斗目标的历史交汇期，时代呼唤发展理念的变革。新时代我们必须站在发展全局和国运兴衰的高度认识新发展理念，引领新一轮思想解放和理念变革，让崇尚创新、注重协调、倡导绿色、厚植开放、推进共享成为全社会的亮丽风景线，极大激发广大人民群众的创造性，极大解放和发展社会生产力，极大增强社会发展活力，进而深刻改变和重塑我国发展格局，为我国赢得更大的发展主动权，实现更加光明的发展前景。

新时代，我们必须用新发展理念推动经济发展方式的深刻变革。我国经济已经由高速增长转向高质量发展阶段，正处在转变发展方式、优化经济结构、转换增长动力的攻关期。要以新发展理念为引领，更加突出发展的创新性，瞄准世界科技前沿，强化基础研究和应用基础研究，完善市场经济条件下的举国体制，实现前瞻性基础研究、引领性创新成果重大突破。突出关键共性技术、前沿引领技术、现代工程技术、颠覆性技术创新，破解“卡脖子”难题。更加突出发展的整体性、协调性，实施乡村振兴战略和区域协调发展战略，构建现代产业体系、生产体系、经营体系，实现产业振兴、人才振兴、文化振兴、生态振兴与组织振兴。更加突出发展的可持续性，建立健全绿色低碳循环发展的经济体系，实施重要生态系统保护和修复重大工程，推动形成人与自然和谐发展的现代化建设新格局。更加突出发展的内外联动性，以共建“一带一路”为重点，坚持引进来和走出去并重，形成陆海内外联动、东西双向互济的开放格局。更加突出发展的包容性、普惠性，不断满足人民日益增长的美好生活需要，加强健康中国、平安中国建设，使人民获得感、幸福感、安全感更加充实、更有保障、更可持续。

二、加快构建适应新发展理念的体制机制

贯彻落实新发展理念，必须全面创新发展体制、重塑发展生态，在解决发展动力，增强发展的整体性、协调性、平衡性、包容性等方面破

难题、建机制，使各项改革举措落地生根，确保新理念转化为新实践、新行动，形成有利于创新发展、协调发展、绿色发展、开放发展、共享发展的体制机制。具体来说，培育引领发展的强劲动力，要构建创新发展的体制机制；增强整体发展的综合效能，要构建协调发展的体制机制；坚持资源节约和生态保护，要构建绿色发展的体制机制；坚持对外开放的基本国策，要构建开放发展的体制机制；促进和维护社会公平正义，要构建共享发展的体制机制。应当说，这个任务很重。“十三五”时期社会方方面面呼吁这个问题，对此，我们进行了一些探索，有一些进展。但是现在看来有些方面还不明显，还经常出现一些偏差。

在思考这个问题的时候，我们观察发现至少存在着三种偏差或错误倾向。第一种倾向是仍有 GDP 的情节，以经济总量的增长作为衡量政绩的表现。有些地方的项目、产品，并没有真正体现出供给侧结构性改革的要求，粗放的 GDP 还没有完全扭转过来，GDP 里头还有一些水分，甚至还有黑色的 GDP、带血的 GDP。现在看黑色的 GDP、带血的 GDP 在逐渐减少，掺水的 GDP 也逐步在弱化。有些 GDP 是低质量的，并没有产生出那么大的社会价值和社会效益，但浪费了各种要素资源和机会成本，这是值得关注的。第二种倾向就是片面追求政治正确，一些地方和基层形式主义盛行。整天忙各种各样的事情，传达文件、开会学习、组织申报、填写报表、上级检查、督查评估、总结材料等很多事情，但是以经济建设为中心的声音弱化了，万众一心发展经济的势头放缓了，甚至不怎么关心经济问题了。经济是基础这个思想在有些地方有些动摇，没有很好地把握甚至忘掉了我们仍处在社会主义初级阶段这个最大实际、这个基本国情。第三种倾向是搞官僚主义、命令主义，一刀切、简单化。比如，我们追求绿色发展，追求生态文明。我们在理念上认识到了绿水青山就是金山银山，也向这个方向努力，但不能有急躁情绪，罗马不是一天建成的，也不能一口吃成个胖子。有些干部在执行政策的时候本位主义非常严重，不是结合当地的具体实际情况，想尽各种办法帮助这些企业来进行技术改造、技术升级或者解决其他方面的难题。而是一刀切、简单化地关掉工厂让企业停产，简单地封掉养猪场，粗暴地违约不履行合同、赶走商户，等等。从有些地方的急躁来看，做了让某些领导满意，而老百姓不高兴的事情，缺少实事求是的担当精神。

我国经济从高速增长转向高质量发展，这确实是发展理念的革命，是发展理念的重大变革，需要方方面面的配合配套。从实际情况来看，创建有利于新发展理念落地的体制机制，显得极为迫切。正如邓小平所指出的那样，“我们过去发生的各种错误，固然与某些领导人的思想、作风有关，但是组织制度、工作制度方面的问题更重要。这方面的制度好可以使坏人无法任意横行，制度不好可以使好人无法充分做好事，甚至会走向反面”①。我们致力于推进国家治理体系和治理能力现代化，从经济角度讲就是要想办法让新发展理念能够落地，就是要让新发展理念能有体制机制和制度体制的支撑，让其能够根深叶茂，长成参天大树。而不是飘在半空中，不是一句政治宣传口号。所以，我们必须遵循社会主义基本经济制度的要求，按照“两个毫不动摇”的指引，创建和完善符合新发展理念的制度环境，完善社会主义市场经济体制和制度基础，健全高质量发展的指标体系、政策体系、标准体系、统计体系、绩

① 《邓小平文选》第2卷，人民出版社1994年版，第333页。

效评价、政绩考核，构建有利于高质量发展的体制机制和绩效评价体系。

三、突出地强调“安全”的重要性

党的十八届五中全会提出的新发展理念中虽然没有“安全”两个字，但并不代表对“安全”不重视。我们国家注重“安全”是不言而喻的，很多重要的事情我们都在做，也都在关注，但是不一定都要写到发展理念中，发展理念一定是要强调最紧迫的、最核心的、最关键的问题。从另外的角度讲，如果我们把创新、协调、绿色、开放、共享这些事情都做到位、做好了，就能够体现安全了，安全是融入创新、协调、绿色、开放、共享之中的。

考虑到疫情带来的各种各样的风险，国际经济政治格局的深刻变化和大国博弈的复杂性，新的形势、新的挑战呼唤并要求我们把“安全”问题放在更加重要的位置上。我们建议把“安全”放到发展理念的内容中，或者说在新发展理念里加以扩展，更加注重“安全”问题，把习近平总书记强调的国家总体安全观融入我们方方面面的工作中。“十四五”时期甚至更长时期把“安全”鲜明突出出来，提醒我们、引领我们稳住阵脚、未雨绸缪，补短板、强弱项，把自己的事情办好，维护国家和百姓安全、维护世界和人类安全！

习近平总书记在党的十九大报告中讲到坚持总体国家安全观的时候强调：“统筹发展和安全，增强忧患意识，做到居安思危，是我们党治国理政的一个重大原则。必须坚持国家利益至上，以人民安全为宗旨，以政治安全为根本，统筹外部安全和内部安全、国土安全和国民安全、传统安全和非传统安全、自身安全和共同安全，完善国家安全制度体系，加强国家安全能力建设，坚决维护国家主权、安全、发展利益。"① 如果从经济社会的角度讲安全，我们这里重点强调两个方面，一是要维护我国产业链供应链的安全，要通过打造世界工厂和世界市场的深度融合，培育超大规模国家的产业竞争力和控制力，在不断抢占制高点的同时，加快建立产业链供应链的安全稳定的长效机制。二是在民生保障上要有一些突破性进展。通过强化就业优先的国家战略，千方百计创造更多更好的就业岗位，调整国民经济收入分配格局，实施中等收入群体人口倍增计划，筑牢织好社会保障体系网，大力发展慈善公益事业等，让老百姓真正分享国家发展进步的成果。

---

① 习近平：《决胜全面建成小康社会 夺取新时代中国特色社会主义伟大胜利——在中国共产党第十九次全国代表大会上的报告》，人民出版社 2017 年版，第 24 页。

第二节

构建国内国际双循环相互促进的新发展格局

“十四五”时期，我国将进入开启全面建设社会主义现代化国家的新发展阶段。2020年以来，习近平总书记在重要讲话中多次提出要推动形成以国内大循环为主体、国内国际双循环相互促进的新发展格局。党的十九届五中全会强调构建新发展格局，形成强大国内市场，畅通国内大循环，促进国内国际双循环。这是面对中华民族伟大复兴的战略全局和世界百年未有之大变局的主动作为，是适应我国经济社会发展阶段、环境、条件变化作出的重大决策，是贯彻落实新发展理念、提升我国经济发展水平的全局部署，是重塑我国国际经济合作和竞争新优势的战略抉择，是开启第二个百年奋斗目标的系统性的战略棋局，它构成了“十四五”规划的重要内容和突出特色，为展望2035年更长远的发展提供方向性引领。

一、新发展阶段构建新发展格局的战略价值

新发展阶段正向我们走来，贯彻落实新发展理念，加快构建新发展

格局，努力在危机中育先机、于变局中开新局，不是权宜之计，而是战略谋划，具有重大的时代价值和战略意义。

加快构建新发展格局是我国更高质量发展的需要。不断增强我国经济创新力和竞争力，推动经济从高速增长转向高质量发展，从“有没有”“有多少”向“好不好”“优不优”转变，是我国经济发展的战略目标和指导原则。在全球化背景下，任何国家或经济体的循环都会受到国际国内双重因素的影响：如果过于依赖外需，整个经济体系就缺乏稳定性和安全性；如果单单依靠内需，整个经济体系也会缺乏活力且多样性得不到保证。从历史经验和国际比较而言，我国作为大型经济体的优势就是内部可循环，应以内循环为主并积极参与国际大循环。构建新发展格局，才能转变发展方式、优化经济结构、转换增长动力，建设现代化经济体系，真正实现经济体系血脉畅通的健康大循环。

加快构建新发展格局是实现我国更有效率发展的需要。我国在经济上要创造比资本主义更高的生产力，就需要实现更有效率的发展。我们有党的领导和全国一盘棋、能够集中力量办大事的优势，创造出了“深圳速度、深圳效率”，有实现更有效率发展的自信。要通过构建新发展格局，建设更高水平的社会主义市场经济体制，深化产权制度和要素市场化改革，实现产权有效激励、要素自由流动、价格反应灵活、公平竞争有序、企业优胜劣汰。打通、联通国民经济的血脉，解决堵点痛点，补齐经济循环过程中存在的弱项短板，畅通生产、流通、消费、分配等环节，提高全社会的资源配置效率和经济循环效率。

加快构建新发展格局是实现我国更加公平发展的需要。解决我国人民日益增长的美好生活需要与不平衡不充分的发展之间的矛盾，让人民共享发展的成果，是我们新时代的主旋律。构建新发展格局，需要打造完整的内需体系，既涉及许多经济政策，还涉及许多社会政策，涉及公平公正的发展问题，涉及就业、教育、文化、体育、社保、医疗、住房等公共服务体系，需要更大程度地缩小收入差距，培育中等收入群体，解决绝对贫困人口。国际经验和专家研究表明，这些工作做得好，有助于社会的长期稳定和经济健康发展。

加快构建新发展格局是实现我国更可持续发展的需要。改革开放以来，我国积极参与全球价值链分工，以要素低成本、出口导向型战略实现了经济的高速增长。这种大进大出、两头在外的发展方式，功不可没。但久之带来了投资、消费、出口的结构性失衡，难以为继。近年来全球化遭遇逆流，我国发展的外部环境发生重大变化。近年来，我们人均 GDP 已达 1 万美元，自身廉价要素的竞争优势大为减弱。而核心技术缺失、产业处于中低端、国内市场需求不足等问题日益突出，对可持续发展提出迫切要求。新发展格局更强调充分发挥我国超大规模市场优势和内需潜力，利用国内国际两个市场、两种资源，更强调消费和内需对经济的拉动作用，快速提升产业基础能力和产业链现代化水平。如此，我国长期经济发展更为均衡，也更具有可持续性。

加快构建新发展格局是实现我国更加安全发展的需要。新冠肺炎疫情给全球经济造成严重冲击，也给我国经济安全带来严峻挑战。无论是短期内的客观“隔离”现象、“孤岛”行为和“逆全球化”思潮，还是长期内各国试图发展独立产业体系的可能性，使全球供应链出现了本地化、区域化、分散化的趋势。全球化的重构对我国产业链供应链安全带来挑战。我们统筹发展与安全，就要在战略和政策上进行调整，要做好较长时间应对外部和内部环境变化的准备，畅通国民经济良性循环体系，维护经济发展的基本盘，创造有利于新技术快速大规模应用和迭代升级的独特优势，提升我国产业链供应链稳定性和国际竞争力，筑牢国家产业和经济安全防线，增强中国经济的抗风险能力。

加快构建新发展格局是实现我国更加开放发展的需要。当前国内国际社会对经济全球化前景有不少担忧，越是这样我们就越要站在历史正确的一边。国际经济联通、交往和合作是世界经济发展的客观要求，我国经济持续快速发展的一个重要动力就是对外开放。构建新发展格局绝不是自娱自乐、闭关锁国、闭门造车，也不是各自为政、“诸侯割据”，每个省市都要单独搞“双循环”，要破除这种错误认识。全面提高对外开放水平，推动国际大循环，加强同世界经济的联系。我国在世界经济中地位的持续上升，为其他国家提供的市场机会将更加广阔，这将成为吸引国际商品和要素资源的巨大引力场。要推动国际大循环，加强同世界经济的联系，就要建设更高水平开放型经济新体制，对冲各种国际风险和压力，重塑国际合作和竞争新优势。

二、构建完整内需体系，形成国内超大规模市场优势

加快构建完整内需体系，要用好发挥好改革关键一招的作用，重点是把扩大内需战略与深化供给侧结构性改革有机结合起来，以创新驱动、高质量供给引领和创造新需求，增强应对国际激烈博弈的底气，形成“中国制造＋中国消费”的超大规模市场优势，完成需求牵引供给、供给创造需求的更高水平的动态平衡。

一是夯实国内循环体系的体制基础，相应的制度建设和改革措施必须先行。构建新发展格局，需要坚持问题导向、回应社会关切，不断在关键性、基础性改革上实现突破，重点完善产权制度和要素市场化配置。坚持和完善“两个毫不动摇”，保护市场主体和公民财的产权、产权。促进要素自主有序流动，提高要素配置效率。深化国有企业改革创新，加大混合所有制经济发展力度。营造支持非公有制经济高质量发展的制度环境，鼓励民营企业参与实施重大国际战略。加快金融体制和资本市场改革，增强服务实体经济和现代化经济体系的能力。加快农村土地制度改革，促进城乡双向流动机制建设。在更高起点、更高层次、更高目标上推进经济体制改革及其他各方面体制改革，构建更高水平社会主义市场经济体制，赢得比资本主义更能解放、发展和保护生产力的制度优势。

二是畅通国内循环体系的血脉，着力打通生产、分配、流通、消费各个环节。在生产环节，要通过科技创新和科技自立自强，重点解决技术“卡脖子”的问题，抢占技术的制高点，建设制造强国、质量强国，提升产业链供应链现代化水平，提高产业和产品的竞争力。解决房地产和金融业占据金融资源过多以及脱实向虚的问题，畅通实体经济融资渠道，把发展经济的着力点放在实体经济上，建设现代化经济体系；在分配领域，重点是优化收入分配结构和分配制度，调节过高收入，培育更多的中等收入群体，建立扶贫脱贫的长效机制，增加居民部门收入在国民收入分配中的比重；在流通领域，重点是建设现代化流通体系，降低公路运输成本并提高铁路、水路运输比例，打通港口、铁路、公路基础设施连接短板和关卡，去除不能过的杆、不好办的证、不让走的路，降低整体物流运输成本，建设交通强国；在消费环节，重点是扩大消费需求，完善消费政策，促进消费升级和释放消费潜力，创造更多的名牌产品和特色服务，吸引境外消费回归。

三是优化国内循环体系的空间布局，实现各类要素在国内各区域间的自由流动。优化国土空间布局，打通“区块”“省域”和“城市”“城乡”等不同区域空间尺度之间的经济循环，加快建立和完善统一开放竞争有序的全国市场体系，消除市场壁垒，激发全社会创造力和市场活力。持续推进西部大开发、东北振兴、中部崛起、东部率先发展；以京津冀、长三角、粤港澳大湾区等开放高地、发展高地为重点，布局战略性新兴产业和未来产业，在中西部地区打造新的增长极和增长点，加快成渝地区、长株潭地区、东北地区等城市群发展，优化区域空间格局，畅通区域之间生产要素配置循环，加强区域、城乡等不同级次产业链接融合，推进以人为核心的新型城镇化建设，保证国内大循环畅通。

四是筑牢国内循环体系的产业根基，实施产业基础再造和产业链提升工程。平衡好制造业产业链外迁和向中西部地区转移的关系，科学部署重大生产力布局和产业项目。在巩固传统产业链优势的基础上，提前布局战略性新兴产业、新基建，推进 5G、大数据、互联网、人工智能、区块链等新技术与重大基础设施的深度融合，提升产业系统化、智能化创新能力。高度重视创新在我国现代化建设全局中的核心地位，强化科技自立自强，注重数字经济产业化的叠加效应、乘数效应，加快数字化发展，发挥好市场经济条件下新型举国体制的作用。发挥企业在筑牢产业根基中的主体作用，加大对重要链条和关键环节的研发力度，补齐关键核心技术和关键零部件短板，努力实现一些“颠覆性”创新。着力培育一批“专精特新”企业和“单项冠军”企业，构建大中小企业融通发展的新型产业合作体系，培育一批具有国际竞争力的先进制造业集群。

三、构建国外循环体系，提升国际循环稳定性和竞争力

我国开放的大门不会关闭，只会越开越大。要以更大的决心和努力加快构建国外循环体系，提升国际循环的控制力和稳定性。

一是积极参与全球经济治理体系改革。面对国际上保守主义盛行和逆全球化思潮，要推动经济全球化朝着开放、包容、普惠、平衡、共赢的方向发展，推动建设开放型世界经济，引导促进全球化朝着正确的方向发展，引领国际规则体系向更公平合理的治理体系转变，拓展国际循环发展空间。按照互利共赢、公平竞争的原则对接世界经济循环体系，坚持独立自主和对外开放的统一。立足国内经济循环，办好自己的事情，积极参与全球经济治理，有利于双循环互动。实践证明，如果一个国家没有独立自主的发展，处处依赖某些国家，那么对外开放是搞不好的。

二是打造更具国际竞争力的营商环境。推动由商品和要素流动型开放向规则、规制、管理、标准等制度型开放转变，进一步推进简政放权改革和负面清单制度，吸引国际资源来华投资发展。稳步降低关税水平，适度增加进口。以世界银行营商环境评价报告为契机，把深圳、北京、上海、浙江等地有利于改善营商环境的改革做法在更大范围内推广，并逐渐以制度形式把改革成果确定下来。

三是以制度创新构建对外开放新格局。坚持互利共赢的开放战略，

以"一带一路"为重点，依托开发区、自贸区、自贸港，促进商品、资金、技术、人员更大范围流通，加快形成陆海内外联动、东西双向互济的开放格局。推动建立国际宏观经济政策协调机制，完善涉外经贸法律和规制体系，防范化解国际金融风险、产业风险和法律风险。组织力量研判"一带一路"沿线国家的投资风险和潜力，掌握好"度"和"火候"。认真评估我国在海外的经济布局，确保我国海外利益和经济安全，寻求中国利益与全球利益的最大交集。

四是加快推动区域经济合作有新突破。此次疫情展现出亚洲国家有其独到的优势、制度和文化。同时，多数亚洲国家都坚持全球化、坚持多边主义，对贸易采取开放的、合作的和多边主义的态度。以抗疫互动合为契机，以产业链调整为抓手，以加强同东北亚、东南亚的区域合作及推进中日韩经济循环、RCEP 作为区域经济一体化的重点。此外，欧盟国家等与我国有较长时间经贸合作，要加强中欧、中英双边投资协定谈判，有针对性地巩固双边关系。

四、形成新发展格局，促进国内国际双循环相互促进

新发展格局绝不是封闭的国内循环，而是开放的国内国际双循环。"十四五"时期，不管国内国际形势发生多大变化，我们绝不能被逆风和回头浪所阻，要站在历史正确的一边，坚定不移扩大对外开放，增强国内国际经济联动效应，加快构建以新型国际产业体系、新型国际贸易体系、新型国际货币体系、新型国际标准体系、新型国际治理体系为主要支柱的国际循环高水平开放型经济新体系，以高水平对外开放打造国

际合作和竞争新优势。新发展格局是在大力度改革、高水平开放下形成的，不是国内国际各自独转、互不认账、井水不犯河水，而是相互配合、互相促进。

一是强化国内外产业链的关联和互动。受疫情和逆全球化思潮影响，原有全球开放型供应链可能转变成区域性、半封闭供应链模式，主要经济体强调供应链安全，通过构建更有弹性的供应链摆脱对他国供给的过度依赖，对中国而言挑战更为严峻。我们要主动适应全球化变局，积极调整国内外产业链布局，形成以国内产业链为基础、努力向国外中高端产业链延伸、以内为主、内外兼顾的国内国外产业链新布局。抓住亚洲在此次疫情中恢复较快的契机，利用中国和东亚、东盟、南亚等国在技术链和产业链方面较强的关联度，打造以中国为中心的亚洲垂直供应产业链。

二是防止两个循环生态体系的脱钩。坚持进口与出口并重、利用外资和对外投资协调，增强国际国内两个市场两种资源的黏合度，采取一切措施坚决防止两个循环生态体系的脱钩。在当前的复工复产过程中，需注重恢复国际供应链，形成外向型企业可持续发展的国内国际产业链畅通的优化布局。同时，也要帮助一些外贸企业克服困难，支持出口产品转内销，积极拉动国内消费回升、扩大有效投资、引导外向型企业建立基于国内循环的产业链，促进国内外市场有效贯通。

三是推动关键领域的进口替代。在双循环中，进口替代直接关系着产业基础再造、产业链提升。应充分发挥举国体制的制度优势，加强集体攻关，强化创新能力和保障能力，逐步实现在关键环节、关键领域、关键产品逐步实现进口替代。这次中美经贸摩擦，美国“帮”我们精准找到了“卡脖子”的技术和产品，可以对照拉出清单、列出计划、重点攻关，突围产业链供应链中存在的“技术孤岛”，解决核心的关键环节，不忽视任何一个细微的环节，建设一个自主可控、安全可靠的现代产业体系，打造一个开放、稳定、安全的“链条”。

四是打通国内国外循环的痛点和堵点。畅通国内国际循环，不只是畅通人流、物流、要素流，更要促进国内国外市场规则和标准的有机相容。坚持扩大高水平开放和深化市场化改革互促共进，增强国内循环与国际循环的韧性和柔性，从制度上、技术上、规则上打通国内循环与国际循环相互融合、相互促进的痛点和堵点，畅通国内国际微循环。完善内外贸一体化调控体系，促进内外贸法律法规、监管体制、经营资质、质量标准、检验检疫、认证认可等相衔接，推进同线同标同质。优化国内国际市场布局、商品结构、贸易方式，提升出口质量，增加优质产品进口，实施贸易投资融合工程，构建现代物流体系。发挥我国已经在部分高端制造业领域形成的先发优势，拉动相关产品的输出，实现 5G、高铁等相关制造业的国内外循环融合，带动中国投资、中国标准输出。

第三节

提升我国产业链供应链稳定性和竞争力

随着全球化发展和产业分工深化，当今世界国与国之间的竞争表面看是产品、企业和产业的竞争，背后实际上是纵横交错、相互关联的产业链供应链的竞争，即一个国家的产业竞争力取决于整个产业链供应链的综合竞争力。习近平总书记在中央财经委员会第五次会议上提出，要充分发挥集中力量办大事的制度优势和超大规模的市场优势，打好产业基础高级化、产业链现代化的攻坚战。习近平总书记高度重视维护产业链供应链安全，提升产业链供应链稳定性和竞争力。近日中央政治局常委会议研究提升产业链供应链稳定性和竞争力问题。这是从长远战略角度对我国产业发展作出的重大谋划和部署。近期，受新冠肺炎疫情影响，我国与全球很多国家的产业链供应链都受到比较严重的冲击，凸显了维护产业链供应链安全、提升产业链供应链稳定性和竞争力的重要性。我国是超大规模型的经济体，要建设制造强国，推进国家现代化，维护全球产业安全，必须从战略全局着眼，建立维护我国产业链供应链安全的有效机制，提升产业链供应链稳定性和竞争力。

一、提升我国产业链供应链稳定性和竞争力的迫切性

其一，这是由产业链供应链环环相扣的极端重要性决定的。产业链分为狭义产业链和广义产业链。狭义产业链是指从原材料一直到终端产品制造的各生产部门的完整链条，主要面向具体生产制造环节，是发展和壮大制造业的关键所在。广义产业链则是在面向生产的狭义产业链的基础上尽可能地向上下游延伸拓展。产业链向上游延伸一般使得产业链进入到基础产业环节和技术研发环节，向下游拓展则进入到市场拓展环节。无论是狭义产业链还是广义产业链，均包含价值链、企业链、供应链等，其内核就是不同产业企业之间的关联，而这种产业关联的实质则是各产业中的企业之间的供给与需求相互作用的关系。产业链供应链是个循环系统，环环相扣，一个环节阻滞，上下游企业都无法运转。产业链供应链一旦形成，具有一定的传导黏性，并保持相互依赖的稳定性特征，其转移成本比较昂贵，很难在短时间完成替代。从产业发展的增长极理论、梯度转移理论和集聚扩散理论、转型升级理论给出的结论看，维护产业链供应链安全，就是要维护产业链完整，增强产业总体韧性；提升价值链效益，提高产业核心竞争力；深化企业链关联，提升产业配套集成发展能力；确保供应链安全，增强产业抗风险能力；等等。

其二，这是减弱疫情对产业链供应链造成的严重冲击决定的。新冠肺炎疫情发生并在全球扩散蔓延，有人担忧这会对中国的产业链供应链产生冲击。短期来看疫情影响不可避免，一些行业和企业受到严重冲击。疫情防控初期，不少地方封城、封路，大多数制造业企业停工停

产，物流受阻，供应中断，产业链、供应链均受到不同程度的影响，其中中小企业受到的影响更大。目前陆续复工复产了，但也面临不少困难。不少外贸企业面临用工难、物流难、履约难、接单难、资金难等困难，直接影响按时生产、保住订单、及时供货、拓展市场。全球产业链供应链深度融合，你中有我、我中有你，中国是全球产业链和供应链的中心，尤其是汽车、电子、原料药等产业，占全球产出份额近四成，全球产业链供应链中很多国家已高度依赖中国的生产与供应，受疫情影响在中国的外资企业有的停工停产，有的推迟生产。中国产业链供应链受损或中断，会直接冲击全球的产业链供应链。国外的疫情防控形势，也出现产业链供应链受损或中断，进而也会影响我国产业的正常运行。疫情引发中国的产业链与全球的产业链产生交叉影响，很可能倒逼和影响中国产业链供应链的安全。我们要像防止疫情倒灌一样，警惕全球产业链供应链受损给中国带来的风险。

其三，这是由稳定全球产业链供应链特别需要中国力量的现实决定的。我国是世界第一制造业大国，是世界上唯一拥有联合国产业分类目录中所有工业门类的国家，制造业是中国产业链供应链的核心，与全球供应链深度融合，在全球产业链供应链中占据着重要地位。我国巨大的消费市场磁石效应和规模经济带来的低成本能力，能够支撑中国在全球产业链供应链的重要地位不会因为短期疫情影响而改变、动摇。受疫情影响，尽管存在着产业链供应链外移风险，但我国疫情防控形势持续向好，生产生活秩序加快恢复，并力争全产业链复工复产。现在看，并没有出现产业链供应链因疫情影响向国外大规模转移现象。当前，中国推动复工复产的举措，为维护全球产业链供应链稳定贡献了中国力量，为国际企业分享发展红利提供了中国机遇。我国制造业的优势在于产业门类齐全、产业链完整和产业配套能力强。从中美大国博弈、区域贸易协定"三零规则"、本地化生产诉求、国际化分散生产等发展趋势看，全球产业链供应链格局、布局调整更为明显，区域化、数字化属性增强，国际合作博弈更为激烈。我们要继续提升中国产业链供应链的竞争力、引领力，在全球产业深度分工调整和创新发展中作出新贡献。

其四，这是由建设制造强国对产业链供应链稳定提出更高要求决定的。从建设制造强国的战略高度看，补上我国产业链供应链短板刻不容缓。一是产业链的完整亟待加强。产业链完整是实现产业链安全的前提。近年来特别是中美贸易摩擦以来，我国劳动密集型产业加工组装和低端制造环节加快向外转移，产业链完整性受到威胁，新冠肺炎疫情发生之后美国再次酝酿和实施制造业回流，如任其发展，势必会削弱我国产业的竞争优势。二是价值链的层级亟待提高。价值链高端化是实现产业链安全的目标。我国产业总体处于价值链的中低端环节，主要依靠资源要素投入和投资出口驱动，随着资源环境矛盾加剧和外部需求变化，传统增长方式已难以为继，亟须推进产业链向"微笑曲线"两端延伸，向创新引领的新技术高端攀升，进入价值链的高附加值环节，以获得更大的收益分配。三是企业链的关联亟待强化。企业链紧密性是实现产业链安全的重要途径。打造具有核心竞争力的产业，离不开产业上中下游关联企业的互相拉动、协同发展。中国的制造业整体上还没有像美国、日本、德国那样，可以通过技术、标准、知识产权等控制全球产业链的上游环节，处于产业链中下游的中国制造业企业对产业链的关联控制力还不够强。四是供应链的安全亟待夯实。供应链安全是实现产业链安全的必然要求。当前我国制造业产业链只有60%安全可控，“卡脖子”的短板在中美贸易战中也暴露出来。我国产业高质量发展所必需的关键基础材料、核心基础零部件、先进基础工艺、产业技术基础等严重受制于人，高技术产业供应链“断供”风险一直存在，如同“达摩克利斯之剑”高悬。2019年，中国工程院对26类有代表性制造业产业进行国际比较分析显示，我国差距较大和差距巨大的产业共15类，在产业链供应链上存在核心环节和核心技术的重大缺陷。

二、提升产业链供应链稳定性和竞争力的重点任务

维护产业链供应链安全既要重视一般意义上的产业链，还要重视价值链、供给链、创新链和防护链，统筹布局、突出重点，把产业链供应链安全稳定上升为国家战略，把握比较优势的动态转换与产业升级的规律，实现产业治理体系和治理能力现代化，确保产业链供应链安全可控，有较强的竞争力。

第一，科学布局产业链，确保重点产业安全稳健发展。推进产业链科学布局是产业协同发展的重要抓手和切入点，也是确保产业链安全的首要之举。一是深度融入全球产业链合作分工。加强全球产业链合作是推动世界经济开放包容发展的必然要求，也是应对贸易保护主义的坚实保障，更是全面推动制造业对外开放的重要举措。要吸引外资更多投向先进制造业，鼓励跨国公司在华设立研发中心、采购中心、财务管理中心等功能性机构。平衡好制造业产业链外迁和向中西部地区转移的关系，把制造业产业链外迁作为用好两个市场两种资源、培育我国世界品

牌、扩大国内企业全球影响力的机遇，在全球制造业转移进程中精准选择我国制造业梯度转移路径，积极构建以我国为中心的产业供应链生产组织网络，通过“一带一路”建设为全球产业链合作提供坚实平台，实现产业价值链重构。二是统筹中西部地区精准承接东部产业转移。在中西部地区国家级新区、自由贸易试验区、综合保税区、国家重点开发开放试验区等重点区域和国际贸易陆海新通道重要节点城市，选择若干具有区域竞争优势和影响力的地区，建设一批承接制造业转移示范区，采取相关优惠政策，吸引东部地区企业特别是产业链龙头企业向这些地区转移。这样既可以保障我国产业链完整性，又能促进区域协调发展。三是以技术创新重新布局产业链并加快进口替代。由于新技术的突破，产业链供应链变得更短更快更智能，为避免“断链”的风险，为防止“全球产业链去中国化”，就要寻求不可替代性。要加快具有全球影响力的关键引领型产业进口替代，加强高端制造产业创新投入，大幅提升制造业 R&D 强度，提高附加价值比重，全面提升中国全球产业价值链水平。

第二，有效提升价值链，提升重点产业核心竞争力。狭义的价值链体现的是企业的综合竞争力，广义的价值链则体现的是产业的综合竞争力。产业与产业的竞争，企业与企业的竞争，不只是某个环节的竞争，而是整个价值链的竞争。一是以技术创新提升产业价值链层级。过去我国主要是通过外包代工、外包组装、贴牌生产等方式嵌入全球供应链，经济利益微薄。要推动价值链升级，就要强化知识产权国家战略，向技术专利核心进军，锻造“自身硬功夫”，以技术实力在全球布局关键产业。二是改造提升传统制造业价值链层级。以数字化、网络化、智能化为重点，实施新技术改造工程，引导劳动密集型产业数字化转型、智能化升级，加快发展高端制造、智能制造、绿色制造、服务型制造。三是继续加大力度降低制造业产业链成本。深化户籍、土地、能源等制度改革，释放劳动力、土地、能源等要素市场活力，降低各类要素价格。

第三，全力确保供给链，提高产业配套发展能力。供应链是产业链中的关键组成部分，产业链安全强调上下游产业间的配套、协调和稳定，其本质是上下游供应链的配套协调发展。一是以重点产业为核心，在打通全产业供应链上下功夫。重点产业既是一国经济竞争力的集中表现，也是一国经济经济发展的主要拉动力。要以传统制造业和先进制造业为重点，提高产业配套能力。比如，船舶工业是典型的长链产业，在国民经济 116 个产业部门中，船舶制造业与其中 97 个部门发生关联，关联面达 84%。打通船舶产业供应链，既可发展包括原材料、船舶设计、船舶配套设备等在内的上游配套产业，还可发展维修保障等下游服务行业。要形成重点产业对上下游产业发展的带动机制，通过联合攻关、交叉持股等方式，培育一批重点产业的配套产业。二是以重点区域为依托，在推进供应链集聚发展上下功夫。产业和企业的集聚，有利于培育形成具有规模效应的供应链服务网络。要充分结合区域发挥战略和产业发展战略，有计划、有重点地布局相应供应链网络，降低区域产业发展对外依存度，提高区域经济发展的稳健性。三是以重点企业为龙头，在供应链管理上下功夫。龙头企业要对国产原材料和国产服务商给予技术指导和赋予试错空间，依托龙头企业产品较高市场占有率和用户测试使用，倒逼上下游企业改进材料质量、技术研发、服务质量；对供应链上的关键技术和核心设备，龙头企业要立足自主研发，确保企业发展不受制于人。

第四，协同打造创新链，确保关键产业自主可控。创新链是指科技成果从创意产生到商业化生产销售全过程，包括基础研究、技术开发、中间试验、企业孵化、规模化生产等环节。创新链既是推动产业链走向价值链高端的重要途径，也是牢牢把握和控制产业链的关键所在。一是坚持协同攻关实现关键技术自主可控。在“卡脖子”技术领域，发挥社会主义市场经济条件下关键核心技术攻关新型举国体制优势，加强影响核心基础零部件（元器件）产品性能和稳定性的关键共性技术研究，开展先进成型、加工等关键制造工艺联合攻关，加大基础专用材料研发力度，提高产业技术基础能力。二是建设以企业为主体的产业技术创新体系。围绕技术研发、专利、知识产权以及标准等，构建一整套的产业机制架构。包括围绕产业重大应用和关键技术突破，形成以企业为主、科研机构和院校等共同参与的技术联盟，推动和完善以企业为主体制定标准的工作体系，加快 5G 等对产业发展具有重大影响的技术标准研制，加快传统技术与区块链、人工智能、大数据、物联网等前沿信息技术的深度融合。三是积极推进产品研发与产业化链条有序衔接。创新技术转化，推动成熟产品、成熟技术实现市场化。加强与国际同行的科研合作，在保障国家安全的前提下，共享科研数据、设备和方法，联合攻关。

第五，着力筑造防护链，增强产业的风险抵抗力。我国是个制造业大国，产业链牵一发动全身，面对各种“黑天鹅”“灰犀牛”的风险，必须注重产业链安全防控建设。要密切关注国外针对我国设置的贸易壁垒情况，有针对性地进行防控。要吸取这次新冠肺炎疫情防控中的经验教训，及时关注和快速响应各类突发事件，强化安全（应急）战略性产业基础能力提升，及时调整产业链供给，确保关键物资供给。加强产业链安全监测，注重运用大数据技术，加强对原材料供应、设计、仓储、物流、生产、销售、用户使用等各环节的监测和分析，加强对产业链中有关企业的运营情况分析，及时发现产业链中的隐患。

三、提升产业链供应链稳定性和竞争力的政策重点

维护产业链供应链安全是个多链联动、环环相扣的系统工程。巩固中国在全球产业链供应链中占有的优势，就要从国家战略大局的高度，发挥巨大的市场潜力和规模效应，建立系统配套、运行有效的维护中国产业链供应链安全稳定的有效机制。

第一，建立维护产业链供应链安全的宏观管理机制。建议中央成立一个高规格的领导小组，统筹领导维护产业链供应链安全的重大问题，加强产业链供应链安全的战略谋划和战略管理，推动产业链供应链安全保障的规制、标准与国际高标准规制相衔接，优化产业生产力重大布局的调整，实现产业链供应链的全球部署。政府有关部门要建立健全外商投资、并购审查机制，规范外商投资、并购行为，避免外商恶意并购或者试图控制我国产业链供应链核心环节。强化产业链供应链核心环节、敏感技术和高端装备“走出去”的管理，降低产业关键环节被外资主导和产业“空心化”风险。对影响或者可能影响国家安全的对外投资、关键技术转移、特定产品和服务输出、涉及国家安全事项的建设项目，加快推进制度和法律保障。

第二，建立维护产业链供应链安全的协调服务机制。产业链供应链的安全牵涉国内国际诸多部门和行业，不管是产业“进口替代”，还是转移出去，都会牵涉产业链、供应链、价值链的交叉影响，既会牵涉金融、工信、贸易、海关、质检、工商等部门的交叉监管，又会涉及各个管理层级区域之间的协调，这是个生态体系。建立协调联动服务机制，就可以利用大数据、云计算、互联网等信息技术，实施宏观决策的部署和监管。同时，能够密切金融、能源、粮食、信息等重大领域产业链安全保障，还可以协调产业跨地区转移利益共享，畅通我国制造业转移的“内部消化”渠道，提高中西部地区和东北地区承接转移的吸引力。还要积极参与产业链供应链的国际合作，建立与国外政府部门的协作机制，积极发挥国内外商会、协会、基金会、咨询机构的作用，为企业提供精准的专业咨询、法律援助、技术支持。

第三，建立维护产业链供应链安全的信息畅通机制。按照统一技术标准和管理规则，加快建设产业链供应链安全的技术标准体系，充分利用大数据、云计算、互联网、区块链的优势，研究制定有关产业链供应链安全的数据接口、通信协议、语义识别等基础共性和通用技术标准，加强数据信息标准的兼容性，逐步实现国家、省、市（县）、企业四级信息平台共享。充分发挥行业协会、商会在信息汇集和信息畅通中的重要作用。

第四，建立维护产业链供应链安全的风险评估机制。我国拥有世界上最丰富也最复杂的产业链供应链，涉及的企业多、门类广、总量大，这决定了我们自身可能存在不安全的因素和风险。在国家、省、市（县）、企业四级层面上，建立全覆盖的产业链供应链安全数据库和风险评估数据库，适时组织有关机构和专家对不同因素造成产业链供应链不安全状况进行动态风险评估，根据风险评估的等级，实行分级分类指导，为各级政府和各类企业制定防控决策和应急预案提供实施依据。

第五，建立维护产业链供应链安全的预测预警机制。伴随着产业链向智能化、数字化、生态化和国际化方向的演变，传统的和新兴的产业链将不断更替，并面临与供应链、价值链互相结合产生叠加效应带来的各种风险。要加强风险预测预警，制定重点信息采集和实时监控的产品目录，确定重点产业和重点企业的信息采集实时监控指标，加强政府和相关部门、中介机构、大专院校科研单位联动，建立国家、省、市(县)、企业四级预警信息网络平台，定期或不定期地发布不同等级的风险预警，指导相关部门和企业模拟各种风险，制定自身相应的风险对策措施和应急预案。

第六，建立维护产业链供应链安全的国际合作机制。有些产业链供应链是全球配置的，一国行动不足以解决问题，需要各国联手合作，实施有效的财政和货币政策，促进各国货币汇率基本稳定，加强金融监管协调，防止大起大落。针对疫情，要努力优先保障在全球产业链供应链中有重要影响的龙头企业和关键环节恢复生产供应，要提供精准的支持政策。从长远来看，要采取共同措施减免关税、取消壁垒，加强国际贸易合作和海关合作，打通跨境物流通道堵点确保供应链通畅。另外要发挥国际组织的作用，增强全球产业链供应链的应急能力和协同能力。还要维护全球自由贸易规则，尽可能地促进国家间自由贸易合作关系，构建更加开放的产业链、供应链、创新链、价值链。

四、打通经济循环堵点，提升总体运行效率

在社会再生产过程中，流通效率和生产效率同等重要，是提高国民经济总体运行效率的重要方面。2020 年 9 月 9 日，习近平总书记在中央财经委员会第八次会议上强调，构建新发展格局，必须把建设现代流通体系作为一项重要战略任务来抓。如何理解建设现代流通体系对构建新发展格局的重要意义？在建设现代流通体系过程中，如何更好地发挥金融工具的作用？如何处理好政府和市场的关系？

（一）打通堵点的关键一棋

习近平总书记在中央财经委员会第八次会议上强调，流通体系在国民经济中发挥着基础性作用。如何理解流通体系的这一“基础性作用”？在构建国内国际双循环新发展格局的大背景下，习近平总书记的重要讲话深刻分析了流通体系在国民经济中的地位和作用，为构建现代化水平的流通体系擘画了蓝图，为提升流通整体效应和长远功效提供了行动指南。我认为这是以问题为导向，打通国民经济循环堵点的战略部署、关键一棋。

首先，流通体系是畅通国民经济循环的“大动脉”。根据国家统计局的《国民经济行业分类》，流通产业包括：批发与零售业、住宿与餐饮业、租赁与商业服务业、居民服务和其他服务业等。此外，商品的物流分别包括在交通运输、仓储和邮政业中，电子商务（网上交易）包括在信息传输、计算机服务和软件业中。因此，我国现阶段的流通产业产

值是不完全流通产值。即使这样，近十年来增加值也约占GDP的10%、约占第三产业增加值的25%。按照通行标准，支柱产业是指该行业增加值占GDP的6%以上，从这个角度看，流通产业是我国国民经济的支柱产业。

其次，流通体系的重要性随着经济阶段的跃升而不断提高。这是国际经验，也是大势所趋。在现代市场经济条件下，流通产业作为国民经济基础产业发挥着重要的市场经济效应，为全社会提供所需要的商品和服务并发挥吸收就业、促进社会再分配、保障社会稳定等作用，是国民经济的基础性和先导性产业。近年来，我国流通体系建设取得明显进展，国家骨干流通网络逐步健全，流通领域新业态新模式不断涌现，全国统一大市场加快建设，商品和要素流通制度环境显著改善，有效促进了消费模式转变和产业结构升级。

最后，构建新发展格局使现代流通体系的战略性意义更加凸显。推进现代流通体系变革，是带动国民经济总体运行效率提高的关键。一方面，要以制度环境为依托，发挥市场作用，完善政府职能，建立流通领域制度规范和标准，塑造市场化、法治化、国际化营商环境；另一方面，要以技术进步为引领，抓住信息技术革命机遇，提升软硬件水平，推动技术创新、业态创新、模式创新，完善社会信用、金融等基础设施建设。

（二）“发令枪”已经打响

在构建以国内大循环为主体、国内国际双循环相互促进的新发展格局中，为什么要强调“把建设现代流通体系作为一项重要战略任务来抓"？现代流通体系是从生产到消费各环节有效衔接的纽带与通道，是资源配置的有效载体，更是国内统一大市场的重要组成部分，在当前高标准市场体系、高水平大循环中均发挥着重要作用。现代流通体系的产业内涵丰富，对消费、投资等需求变化有着极强的适应性；其创新性也很强，与信息、交通、通信等新技术联系密切，有着丰富的应用场景，可以有效促进产业链供应链升级，提高国民经济总体运行效率。

从发达国家典型经验看，流通体系现代化是经济发展到一定阶段的必然要求，产业、流通和消费升级是相互协同、相互支撑的，如果没有流通体系效率的提升，必然会影响产业和消费的创新发展后劲。我国是世界第二大经济体，已进入流通体系升级的窗口期。流通效率的提升，对提高国民经济总体运行效率具有重要作用。

构建新发展格局，必须把建设现代流通体系作为一项重要战略任务来抓。值得注意的是，不同于之前流通领域的各自创新、独立发展，此次中央站在新发展阶段的高度，把统一市场、交通物流、商贸流通、信用体系、金融支持等"大流通"作为一个整体，进行顶层设计和统筹推进，这释放了强烈的政策信号，打响了整体推进现代流通体系建设的"发令枪"。

（三）强化竞争政策作用

党的十九届五中全会强调，要加快完善国内统一大市场，形成供需互促、产销并进的良性循环，塑造市场化、法治化、国际化营商环境，强化竞争政策作用。如何理解竞争政策在构建现代流通体系中的重要作用？

公平竞争是社会主义市场经济的重要基石，是实现经济高质量发展的根本保障。良好的市场秩序、营商环境和公平竞争是经济发展的原动力，是建设现代化经济体系的保障和前提，也是构建现代流通体系应坚持的原则。

强化竞争政策有利于加快建设现代流通体系。现代流通体系要求有完备的国家流通网络、全国统一的流通市场和良好的商品和要素流通制度，核心是形成全国一体化的流通市场。竞争政策强调发挥市场在资源配置中的决定性作用，是建设统一开放、竞争有序的流通市场的关键所在。竞争政策的有效实施会促进形成流通企业自主经营公平竞争、消费者自由选择自主消费、商品和要素自由流动平等交换的现代流通市场，进一步提高提高资源配置效率，确保市场的公平性。

强化竞争政策有利于营造公平竞争的市场环境。竞争政策会发挥市场竞争激励创新的根本性作用，营造公平、开放、透明的市场环境。强化竞争政策作用，公平竞争是最核心的。通过公平竞争，不同所有制企业公平获得市场准入，平等参与物流体系建设，充分调动各类社会主体的积极性；公平获得产权保护，有效保护物流企业在仓储、物流等环节形成的技术专利，充分保护各类主体的基本权益；公平获得政策支持，一视同仁支持各种所有制流通领域市场主体发展。

强化竞争政策有利于畅通国民经济循环体系。流通体系是国民经济体系中的重要一环，是连接生产体系、消费体系的中枢，是畅通国民经济循环体系的堵点、难点。竞争政策的缺失，容易导致形成地方性或行业性市场封锁、垄断和限制竞争，各地、各行业之间的流通网络无法实现有效联通，也就无法形成全国联通的物流网络，一定程度上也会影响国民经济循环体系的畅通。

（四）加大金融产品创新供给

我国将深化金融供给侧结构性改革，提供更多直达各流通环节经营主体的金融产品。如何理解金融对于现代流通体系的重要意义？如何更有针对性地深化金融改革？金融是国民经济的血脉，同样也是现代流通体系的血脉。没有金融与流通体系的融合，就无法构建现代流通体系。

一方面，金融是提升现代流通体系效率的关键环节。在数字经济快速发展的时代，资金通过线上方式在流通体系上中下游各企业之间快速流动，已成为影响和制约流通效率的关键环节。

另一方面，金融是服务现代流通体系的关键要素。会议要求提供更多直达各流通环节经营主体的金融产品，这切中了现代流通体系对金融的核心需求。在流通体系中，经营主体涉及批发商、零售商、物流企业等众多主体，几乎所有的经营主体都有资金融通需求。因此，要求金融机构深化供给侧结构性改革，针对流通环节中的市场主体创新推出更多金融产品，增强金融供给的针对性、精准性、灵活性、有效性，满足不同类型和规模的市场主体融资需要。

构建现代流通体系，要深化金融改革。一要重视金融基础设施建设，加强支付结算基础设施建设，优化非现金支付框架，拓展支付服务覆盖面；完善普惠金融基础设施服务，提供方便高效的征信查询，开创自助终端、柜台、电话语音等为一体的自助服务，推进征信服务全网覆盖；加快数据管理基础设施应用，利用大数据技术加强货币贷款分析统计，满足多元化流通主体对多样性金融服务的需求。二要完善社会信用体系建设；优化社会信用体系建设组织框架和制度设计，促使法院、人民银行、税务、邮政等多部门共享数据，形成有效的信用联动机制；采用大数据、区块链信息技术手段，加快建立和完善产品追溯体系，建立健全以信用为基础的新型监管机制。三要加大金融产品创新供给，金融业必须通过加大产品供给与创新力度，服务好分布于要素流通环节上的中小微企业，才能有效地组织和调剂物流领域中货币资金的运转，才能更好地促进商贸兴旺、推动流通体系走向现代化。

（五）处理好政府和市场的关系

在构建现代化流通体系中，如何正确处理好政府和市场的关系，使政府和市场各司其职，更好地统筹推进现代流通体系的硬件和软件建设？政府和市场要各自发挥比较优势，既要明确边界、各司其职、各尽其责，避免缺位错位；又要相互补充、相互促进、互通便利，避免空位越位，具体来说，要实现三个“充分发挥”：

一是充分发挥市场在现代流通体系资源配置中的决定性作用。加快建立统一开放、竞争有序的现代商贸流通体系，进一步放松规制、放宽准入，显著提高政府事中、事后的监管水平，使市场真正做到公平有序、充分竞争，为提高流通体效率提供制度保障。结合要素市场改革新情况新变化，重点要深入推进数据新要素市场化程度，充分发挥数据在助推现代物流体系建设方面的重要作用。

二是充分发挥政府在推动现代流通体系软硬件建设上的重要作用。一方面，政府要科学运用宏观调控政策和产业政策，在建设现代综合运输体系、优化完善综合运输通道布局方面下力气，加快形成内外联通、安全高效的物流网络。另一方面，政府要推动建设公平开放透明的市场规则，构建公平竞争的市场秩序，强化相关知识产权保护，为流通体系中各种所有制、各种规模的企业提供公平获得创新资源和参与市场竞争的机会。

三是充分发挥微观主体在现代流通体系建设上的积极作用。建设现代流通体系关键是让企业主体更有活力，要培育壮大具有国际竞争力的现代物流企业。要完善产权制度，切实降低各类市场主体的市场交易成本；清理废除妨碍统一市场和公平竞争的各种规定和做法，激发各类市场主体活力和创造力，鼓励民营企业进入流通体系和物流行业；积极发展智能物流、智能供应链，加快流通体系标准化和绿色发展，充分发挥信息技术、绿色技术的积极作用。

第四章

“十四五”时期经济社会的改革任务

“十四五”时期是我国全面建成小康社会、实现第一个百年奋斗目标之后，乘势而上开启全面建设社会主义现代化国家新征程、向第二个百年奋斗目标进军的第一个五年，我国将进入新发展阶段。凡事预则立，不预则废。我们要着眼长远、把握大势。统筹中华民族伟大复兴战略全局和世界百年未有之大变局，深刻认识我国社会主要矛盾发展变化带来的新特征新要求，深刻认识错综复杂的国际环境带来的新矛盾新挑战，增强机遇意识和风险意识，准确识变、科学应变、主动求变，勇于开顶风船，善于转危为机，努力实现更高质量、更有效率、更加公平、更可持续、更为安全的发展。

第一节

坚持公有制为主体，多种所有制经济共同发展

公有制经济和非公有制经济都是社会主义市场经济的重要组成部分，都是我国经济社会发展的重要基础。坚持公有制为主体、多种所有制经济共同发展，把社会主义制度和市场经济有机结合起来，不断解放和发展社会生产力是我国国家制度和国家治理体系具有的显著优势之一。坚持公有制为主体、多种所有制经济共同发展，对于激发各类市场主体活力，推动高质量发展具有十分重大的意义。

一、毫不动摇巩固和发展公有制经济

经过多年的改革，我国公有制总体上已经同市场经济相融合。同时，还需要在一些重要领域继续深化改革。必须毫不动摇巩固和发展公有制经济，坚持公有制主体地位，不断探索公有制多种实现形式，推进国有经济布局优化和结构调整，发展混合所有制经济，增强国有经济竞争力、创新力、控制力、影响力、抗风险能力，做强做优做大国有

资本。

（一）积极稳妥推进国有企业混合所有制改革

探索公有制多种实现形式，鼓励发展国有资本、集体资本、非公有资本等交叉持股、相互融合的混合所有制经济，实现各种所有制资本取长补短、相互促进、共同发展。坚持“因地施策、因业施策、因企施策，宜独则独、宜控则控、宜参则参”，分层分类深化国有企业混合所有制改革。重点推进国有资本投资、运营公司所出资企业和商业一类子企业混合所有制改革。中央企业集团公司层面保持国有独资或全资，具备条件的可以引入其他国有资本实现股权多元化。地方国有企业集团公司层面结合实际探索推进混合所有制改革。积极推进商业一类子企业混合所有制改革，宜改则改，国有资本可以绝对控股、相对控股或者参股。稳妥推进商业二类子企业混合所有制改革，保持国有资本控股地位，支持非国有资本参股。支持符合条件的混合所有制企业建立骨干员工持股、上市公司股权激励、科技型企业股权和分红激励等中长期激励机制。推动混合所有制改革重在转换企业经营机制，要按照完善治理、强化激励、突出主业、提高效率的要求，支持混合所有制企业全面建立灵活高效的市场化经营机制。要加强对混合所有制改革的全过程监督，及时发现纠正出现的偏差，切实防止国有资产流失。探索建立有别于国有独资、全资公司的治理机制和监管制度。对国有资本不再绝对控股的混合所有制企业，探索实施更加灵活高效的监管制度。

（二）推进国有经济布局优化和结构调整

“十四五”时期，要紧紧围绕服务国家战略，落实国家产业政策和重点产业布局调整总体要求，坚持以企业为主体、市场为导向，坚持有进有退、有所为有所不为，优化国有资本重点投资方向和领域，推动国有资本向关系国家安全、国民经济命脉、国计民生、提供普遍服务、应急能力建设和公益性的重要行业和关键领域、重点基础设施集中，向前瞻性、战略性新兴产业集中，向具有核心竞争力的优势企业集中，增强国有经济竞争力、创新力、控制力、影响力、抗风险能力，做强做优做大国有资本，有效防止国有资产流失。积极推进中央企业战略性重组，加强中央企业专业化整合，在一些重点领域培育若干专业化平台，有效发挥国有资本投资、运营公司的作用，清理退出一批、重组整合一批、创新发展一批国有企业。建立健全优胜劣汰市场化退出机制，充分发挥失业救济和再就业培训等的作用，解决好职工安置问题，切实保障退出企业依法实现关闭或破产，加快处置低效无效资产，淘汰落后产能。支持企业依法合规通过证券交易、产权交易等资本市场，以市场公允价格处置企业资产，实现国有资本形态转换，将变现的国有资本用于更需要的领域和行业。推动国有企业加快管理创新、商业模式创新，合理限定法人层级，有效压缩管理层级。发挥国有企业在实施创新驱动发展战略和制造强国战略中的骨干和表率作用，强化企业在技术创新中的主体地位，重视培养科研人才和高技能人才。支持国有企业开展国际化经营，鼓励国有企业之间以及与其他所有制企业以资本为纽带，强强联合、优势互补，加快培育一批具有世界一流水平的跨国公司。

（三）完善中国特色现代企业制度

深化国有企业改革，加快完善国有企业法人治理结构和市场化经营机制，健全完善经理层任期制和契约化管理，改革国有企业工资决定机制，推进骨干员工持股制度，充分调动干部职工积极性，激发国有企业发展活力和内生动力。要遵循市场经济规律和企业发展规律，推动国有企业与市场经济深入融合，使国有企业真正成为独立的市场主体。分类推进国有企业改革，加大公司制股份制改革力度，积极引入各类投资者实现股权多元化，大力推动改制上市。全面落实“两个一以贯之”，把加强党的领导和完善公司治理统一起来，加快建立各司其职、各负其责、协调运转、有效制衡的公司治理机制。加强和改进党对国有企业的领导，创新国有企业党组织发挥政治核心作用的途径和方式，充分发挥国有企业党组织政治核心作用，起到把方向、管大局、保落实的作用。切实落实和维护董事会依法行使重大决策、选人用人、薪酬分配等职权，保障经理层经营自主权。要建立职业经理人制度，合理增加市场化选聘比例，推行企业经理层任期制和契约化管理。要支持企业依法依规自主决定内部薪酬分配，完善既有激励又有约束、既讲效率又讲公平、既符合企业一般规律又体现国有企业特点的分配机制。要继续深化企业内部用人制度改革，建立健全公开招聘、竞争上岗等制度，真正形成企业各类管理人员和员工的合理流动机制。

（四）完善以管资本为主的国有资本监管体制

国有资产监管机构要重点管好国有资本布局、规范资本运作、提高资本回报、维护资本安全，调整完善国资监管权力清单和责任清单，该管的要科学管理、决不缺位，不该管的要依法放权、决不越位。要按照权利、义务、责任相统一的原则，进一步明确各类国有资产责任主体，完善中央、省（区、市）、市（地）三级经营性国有资产监管机构，明确政府公共管理部门不履行国有资产出资人职责。推进经营性国有资产集中统一监管，稳步将党政机关、事业单位所属企业纳入集中统一监管体系。要按照保值增值责任统一的要求，加快制定各类国有资产监管的法规规章，形成比较完善的国有资产监管法规体系。要科学把握各类国有资产管理的特殊性，探索以管资本为主加强监管的模式和方式方法，加快推进国有资本投资、运营公司试点工作，建立健全各类国有资产监督体系，切实防止国有资产流失。大力推进依法监管，着力创新监管方式和手段，改变行政化管理方式，改进考核体系和办法，提高监管的科学性、有效性。要善于运用信息化手段，大力推进信息化监管，实现对企业决策和运行重大事项的动态监测和实时监控。要改进考核评价体系，突出资本收益指标，强化治理效益。要加强业务监督、综合监督和责任追究，让监督真正发挥有效作用。

二、毫不动摇鼓励、支持、引导非公有制经济发展

改革开放以来，党和国家出台了一系列关于非公有制经济发展的政策措施。特别是党的十八大以来，随着全面深化改革不断推进，关于非公有制经济发展的政策措施更加完善。可以说，已经形成了鼓励、支持、引导非公有制经济发展的政策体系，非公有制经济发展面临前所未有的良好政策环境和社会氛围。非公有制经济已成为发展社会主义市场经济的重要力量，贡献了50%以上的税收，60%以上的国内生产总值，70%以上的技术创新成果，80%以上的城镇劳动就业，90%以上的企业

数量。但是，由于一些原因，这些政策落地效果还不是很好。如市场准入限制仍然较多；政策执行中“玻璃门”“弹簧门”“旋转门”现象大量存在等。“十四五”时期，要进一步深化改革，为非公有制经济特别是民营经济发展营造高质量发展的制度环境，推动其走向更加广阔舞台。

（一）优化公平竞争的市场环境

要进一步放开非公有制企业的市场准入，打破各种各样的“卷帘门”“玻璃门”“旋转门”等壁垒，为非公有制企业营造公平竞争的市场环境。全面实施市场准入负面清单制度。推行“全国一张清单”管理模式，维护清单的统一性和权威性。建立统一的清单代码体系，使清单事项与行政审批体系紧密衔接、相互匹配。建立市场准入负面清单信息公开机制，提升准入政策透明度和负面清单使用便捷性。全面落实放宽非公有制企业市场准入的政策措施，系统排查、清理各种显性和隐性壁垒，推动“非禁即入”普遍落实，不得额外对非公有制企业设置准入条件。强化公平竞争审查制度，持续清理和废除妨碍统一市场和公平竞争的各种规定和做法，加快清理与企业性质挂钩的行业准入、资质标准、产业补贴等规定和做法。建立违反公平竞争问题反映和举报绿色通道。加强和改进反垄断和反不正当竞争执法，加大执法力度，提高违法成本。培育和弘扬公平竞争文化，进一步营造公平竞争的社会环境。深化要素市场化配置体制机制改革，健全市场化要素价格形成和传导机制，保障非公有制企业平等获得资源要素。建立政务诚信监测治理体系，建立健全政府失信责任追究制度。严格市场监管、质量监管、安全监管，加强违法惩戒。加强市场监管改革创新，健全以“双随机、一公开”监管为基本手段、以重点监管为补充、以信用监管为基础的新型监管机制。

（二）完善构建亲清政商关系的政策体系

构建良好的营商环境，离不开各级党委、政府的扎实工作。各级党委和政府要把构建亲清政商关系落到实处，推动领导干部同民营企业家交往既坦荡真诚、真心实意靠前服务，又清白纯洁、守住底线、把握分寸，促进非公有制经济健康发展和非公有制经济人士健康成长。领导干部对非公有制经济人士要多关注、多谈心、多引导，切实帮助解决实际困难，真心实意支持民营经济发展。同时，与民营企业家的关系要清白、纯洁，不能有贪心私心，不能以权谋私，不能搞权钱交易。企业家要积极主动同各级党委和政府及部门多沟通多交流，讲真话，说实情，建诤言，满腔热情支持地方发展。同时，要洁身自好、走正道，做到遵纪守法办企业、光明正大搞经营。要建立规范化机制化的政企沟通渠道。特别是地方各级党政主要负责同志要采取多种方式经常听取非公企业意见和诉求，畅通企业家提出意见诉求的通道。鼓励行业商会协会、人民团体在畅通非公企业与政府沟通等方面发挥积极作用，支持优秀企业家在群团组织中兼职。完善涉企政策制定和执行机制。制定实施涉企政策时，充分听取相关企业意见建议。保持政策的连续性稳定性，完善涉企政策调整程序，设置合理的过渡期。政策执行不搞“一刀切”，要坚持实事求是。健全执法司法对非公企业的平等保护机制，切实保护企业家人身和财产安全。加大对非公企业的刑事保护力度，依法惩治侵犯非公企业投资者、管理者和从业人员合法权益的违法犯罪行为。持续甄别纠正侵犯非公企业和企业家人身财产权的冤错案件。严格按照法定程序采取查封、扣押、冻结等措施，依法严格区分违法所得、其他涉案财产与合法财产，严格区分企业法人财产与股东个人财产，严格区分涉案人员个人财产与家庭成员财产。

（三）加大对非公有制经济的政策支持

在政策上，要进一步加大对非公有制企业特别是民营企业发展的支持力度。一是要持续减轻企业发展成本。切实落实更大规模地减税降费，实施好降低增值税税率、扩大享受税收优惠小微企业范围、加大研发费用加计扣除力度、降低社保费率等政策。落实涉企收费清单制度，进一步清理、精简涉及民间投资管理的行政审批事项、涉企收费、摊派事项和各类评比达标活动，规范中间环节、中介组织行为，减轻企业负担，降低企业成本。二是着力解决融资难、融资贵问题。健全完善金融体系，支持发展以中小微企业为主要服务对象的中小金融机构，鼓励银行与民营企业构建中长期银企关系，为中小企业融资提供可靠、高效、便捷的服务。强化考核激励，健全授信尽职免责机制，合理增加信用贷款，在内部绩效考核制度中落实对中小微企业贷款不良容忍的监管政策，进一步减低民营和小微企业综合融资成本。三是鼓励引导民营企业改革创新。支持民营企业参与国有企业改革，实现互利共赢、共同发展。鼓励有条件的民营企业加快建立治理结构合理、股东行为规范、内部约束有效、运行高效灵活的现代企业制度。支持民营企业加强科技创新。支持建立面向民营企业的共性技术服务平台，积极发展技术市场，为民营企业自主创新提供技术支持和专业化服务。支持民营企业做优做强做大，着力引导民营企业利用产权市场组合民间资本，开展跨地区、跨行业兼并重组，培育一批特色突出、市场竞争力强的大企业集团。

三、完善农村基本经营制度

劳动群众集体所有制是公有制的重要组成部分，要深化农村集体产权制度改革，发展农村集体经济，完善农村基本经营制度。

（一）深化农村集体产权制度改革

农村集体经济是集体成员利用集体所有的资源要素，通过合作与联合实现共同发展的一种经济形态，是社会主义公有制经济的重要形式。深化农村集体产权制度改革，探索农村集体所有制有效实现形式，盘活农村集体资产，对增强集体经济发展活力，实施乡村振兴战略，引领农民逐步实现共同富裕具有深远历史意义。

一是加强农村集体资产管理。开展集体资产清产核资，摸清集体家底，健全管理制度，防止资产流失。清产核资结果要向全体农村集体经济组织成员公示，并要经成员大会或者代表大会确认；明确集体资产所有权，把农村集体资产的所有权确权到不同层级的农村集体经济组织成员集体，并依法由农村集体经济组织代表集体行使所有权。集体资产所有权确权要严格按照产权归属进行，不能打乱原集体所有的界限；强化农村集体资产财务管理。加强农村集体资金资产资源监督管理，加强乡镇农村经营管理体系建设。稳定农村财会队伍，落实民主理财，规范财务公开，切实维护集体成员的监督管理权。加强农村集体经济组织审计监督，做好日常财务收支等定期审计，继续开展村干部任期和离任经济责任等专项审计，建立问题移交、定期通报和责任追究查处制度，防止侵占集体资产。对集体财务管理混乱的村，县级党委和政府要及时组织力量进行整顿，防止和纠正发生在群众身边的腐败行为。

二是开展集体经营性资产产权制度改革。推进经营性资产股份合作制改革。将农村集体经营性资产以股份或者份额形式量化到本集体成员，作为其参加集体收益分配的基本依据。农村集体经营性资产的股份合作制改革，只能在农村集体经济组织内部进行。改革后农村集体经济组织要完善治理机制，涉及成员利益的重大事项实行民主决策，防止少数人操控；确认农村集体经济组织成员身份。依据有关法律法规，按照尊重历史、兼顾现实、程序规范、群众认可的原则，统筹考虑户籍关系、农村土地承包关系、对集体积累的贡献等因素，协调平衡各方利益，做好农村集体经济组织成员身份确认工作，解决成员边界不清的问题；保障农民集体资产股份权利。建立集体资产股权登记制度，记载农村集体经济组织成员持有的集体资产股份信息，出具股权证书。健全集体收益分配制度，明确公积金、公益金提取比例，把农民集体资产股份收益分配权落到实处。

三是探索农村集体经济有效实现形式。发挥农村集体经济组织功能作用。发挥好农村集体经济组织在管理集体资产、开发集体资源、发展集体经济、服务集体成员等方面的功能作用。在基层党组织领导下，探索明晰农村集体经济组织与村民委员会的职能关系，有效承担集体经济经营管理事务和村民自治事务；维护农村集体经济组织合法权利。严格保护集体资产所有权，防止被虚置。农村承包土地经营权流转不得改变土地集体所有性质，承包的集体土地采取转让、互换方式流转的，应在本集体经济组织内进行，且需经农村集体经济组织等发包方同意；多种形式发展集体经济，从实际出发探索发展集体经济有效途径。农村集体经济组织可以利用未承包到户的集体“四荒”（荒山、荒沟、荒丘、荒滩）地、果园、养殖水面等资源，集中开发或者通过公开招投标等方式发展现代农业项目；可以利用生态环境和人文历史等资源发展休闲农业和乡村旅游；可以在符合规划前提下，探索利用闲置的各类房产设施、集体建设用地等，以自主开发、合资合作等方式发展相应产业。

（二）完善农村基本经营制度

以家庭承包经营为基础、统分结合的双层经营体制，是改革开放的重大成果，是农村基本经营制度。这一制度符合我国国情和农业生产特点，具有广泛适应性和强大生命力。要坚持统分结合的双层经营体制，创新农业经营方式，丰富农业经营主体，推进家庭经营、集体经营、合作经营、企业经营共同发展，构建现代农业产业体系、生产体系、经营体系，健全农业社会化服务体系，实现小农户同现代农业发展有机衔接。

一是要保持土地承包关系稳定并长久不变。第二轮土地承包到期后应坚持延包原则，不得将承包地打乱重分，确保绝大多数农户原有承包地继续保持稳定。对少数存在承包地因自然灾害毁损等特殊情形且群众普遍要求调地的村组，届时可按照大稳定、小调整的原则，在个别农户间作适当调整，但要依法依规从严掌握；现有承包地在第二轮土地承包到期后由农户继续承包，承包期再延长 30 年，以各地第二轮土地承包到期为起点计算。以承包地确权登记颁证为基础，已颁发的土地承包权利证书，在新的承包期继续有效且不变不换，证书记载的承包期限届时作统一变更。对个别调地的，在合同、登记簿和证书上作相应变更处理；继续提倡“增人不增地、减人不减地”。为避免承包地的频繁变动，防止耕地经营规模不断细分，进入新的承包期后，因承包方家庭人口增加、缺地少地导致生活困难的，要帮助其提高就业技能，提供就业服务，做好社会保障工作。因家庭成员全部死亡而导致承包方消亡的，发包方应当依法收回承包地，另行发包。通过家庭承包取得土地承包权的，承包方应得的承包收益，依照继承法的规定继承。同时，切实做好长久不变配套工作。做好承包地确权登记颁证工作。在完成确权登记颁证工作的基础上，健全承包合同取得权利、登记记载权利、证书证明权利的确权登记制度，并做好与不动产统一登记工作的衔接，赋予农民更有保障的土地承包权益，为实行长久不变奠定坚实基础；健全农村土地承包相关法律政策。按照党中央确定的政策，抓紧修改相关法律，建立健全实行“长久不变”、维护农户土地承包权益等方面的制度体系。在第二轮土地承包到期前，中央农办、农业农村部等部门应研究出台配套政策，指导各地明确第二轮土地承包到期后延包的具体办法，确保政策衔接、平稳过渡；做好政策宣传引导工作。各地区各有关部门要加大宣传力度，各新闻媒体要积极发挥作用，做好长久不变政策解读和业务培训，及时、充分、有针对性地发布信息，使广大农民和基层干部群众全面准确了解党和国家的农村土地承包政策。密切关注政策落实中出现的新情况新问题，积极应对、妥善处理，重大问题要及时报告。

二是要壮大新型农业经营主体。加快培育新型农业经营主体。发挥家庭经营的基础作用。在今后相当长时期，普通农户仍占大多数，要继续重视和扶持其发展农业生产。重点培育以家庭成员为主要劳动力、以农业为主要收入来源，从事专业化、集约化农业生产的家庭农场，使之成为引领适度规模经营、发展现代农业的有生力量；探索新的集体经营方式。集体经济组织要积极为承包农户开展多种形式的生产服务，通过统一服务降低生产成本、提高生产效率。各地要结合实际不断探索和丰富集体经营的实现形式；加快发展农户间的合作经营。鼓励承包农户通过共同使用农业机械、开展联合营销等方式发展联户经营。鼓励发展多种形式的农民合作组织，深入推进示范社创建活动，促进农民合作社规范发展。在管理民主、运行规范、带动力强的农民合作社和供销合作社基础上，培育发展农村合作金融。引导发展农民专业合作社联合社，支持农民合作社开展农社对接。允许农民以承包经营权入股发展农业产业化经营。探索建立农户入股土地生产性能评价制度，按照耕地数量质量、参照当地土地经营权流转价格计价折股；加强对工商企业租赁农户承包地的监管和风险防范，各地对工商企业长时间、大面积租赁农户承包地要有明确的上限控制。工商企业租赁农户承包地要按面积实行分级备案，严格准入门槛，加强事中事后监管，防止浪费农地资源、损害农民土地权益，防范承包农户因流入方违约或经营不善遭受损失。同时，加强对新型农业经营主体发展的引导和支持。引导新型农业经营主体多元融合发展。鼓励农民以土地、林权、资金、劳动、技术、产品为纽带，开展多种形式的合作与联合，积极发展生产、供销、信用“三位一体”综合合作，依法组建农民合作社联合社。加大对新型农业经营主体发展支持力度，针对不同主体，综合采用直接补贴、政府购买服务、定向委托、以奖代补等方式，增强补贴政策的针对性实效性。

三是实现小农户生产和现代农业发展有机衔接。人多地少是我国的基本国情，在当前和今后很长一段时期，小农户家庭经营将仍是我国农业的主要经营方式。加快构建扶持小农户发展的政策体系，加强农业社会化服务，促进传统小农户向现代小农户转变，实现小农户与现代农业发展有机衔接。要提高小农户组织化程度。引导小农户开展合作与联合。引导同一区域同一产业的小农户依法组建产业协会、联合会，共同对接市场，提升市场竞争能力。支持农村集体经济组织和合作经济组织利用土地资源、整合涉农项目资金、提供社会化服务等，引领带动小农户发展现代农业。创新合作社组织小农户机制，坚持农户成员在合作社中的主体地位，鼓励小农户利用实物、土地经营权、林权等作价出资办社入社，盘活农户资源要素。支持合作社根据小农户生产发展需要，加强农产品初加工、仓储物流、市场营销等关键环节建设，积极发展农户＋合作社、农户＋合作社＋工厂或公司等模式。同时，不断完善小农户社会化服务体系，发展农业生产性服务业。大力培育适应小农户需求的多元化多层次农业生产性服务组织，促进专项服务与综合服务相互补充、协调发展，积极拓展服务领域，重点发展小农户急需的农资供应、绿色生产技术、农业废弃物资源化利用、农机作业、农产品初加工等服务领域。为小农户提供多形式技术指导服务，为小农户提供生产公益性服务。鼓励和支持供销合作社组织实施农业社会化服务惠农工程，发挥自身组织优势，通过多种方式服务小农户；加快推进农业生产托管服务。创新农业生产服务方式，适应不同地区不同产业小农户的农业作业环节需求，发展单环节托管、多环节托管、关键环节综合托管和全程托管等多种托管模式。支持农村集体经济组织、供销合作社专业化服务组织、服务型农民合作社等服务主体，面向从事粮棉油糖等大宗农产品生产的小农户开展托管服务。不断提升农业生产托管对小农户服务的覆盖率；推进面向小农户产销服务。推进农超对接、农批对接、农社对接，支持各地开展多种形式的农产品产销对接活动，拓展小农户营销渠道。

第二节

完善社会主义市场经济体制

社会主义市场经济体制是中国特色社会主义的重大理论和实践创新，是社会主义基本经济制度的重要组成部分。改革开放特别是党的十八大以来，我国坚持全面深化改革，充分发挥经济体制改革的牵引作用，不断完善社会主义市场经济体制，极大调动了亿万人民的积极性，极大促进了生产力发展，极大增强了党和国家的生机活力，创造了世所罕见的经济快速发展奇迹。同时要看到，中国特色社会主义进入新时代，社会主要矛盾发生变化，经济已由高速增长阶段转向高质量发展阶段，与这些新形势新要求相比，我国市场体系还不健全、市场发育还不充分，政府和市场的关系没有完全理顺，还存在市场激励不足、要素流动不畅、资源配置效率不高、微观经济活力不强等问题，推动高质量发展仍存在不少体制机制障碍。“十四五”时期，必须进一步解放思想，坚定不移深化市场化改革，扩大高水平开放，不断在经济体制关键性、基础性重大改革上突破创新。

一、建设高标准市场体系

建设高标准市场体系，需要全面完善产权、市场准入、公平竞争等制度，夯实市场经济基础性制度，筑牢社会主义市场经济有效运行的体制基础。

（一）全面完善产权制度

产权制度是社会主义市场经济的基石，保护产权是坚持社会主义基本经济制度的必然要求。有恒产者有恒心，经济主体财产权的有效保障和实现是经济社会持续健康发展的基础。只有产权得到平等、有效保护，市场主体才能放心投资，市场交易才有前提条件。要健全以公平为原则的产权保护制度，依法平等保护各类产权。健全以公平为原则的产权保护制度，加强各种所有制经济产权保护，公有制经济财产权不可侵犯，非公有制经济财产权同样不可侵犯。完善以管资本为主的经营性国有资产产权管理制度，加快转变国资监管机构职能和履职方式。健全自然资源资产产权制度。依法严肃查处各类侵害民营企业合法权益的行为。完善农村集体产权确权和保护制度，落实农村第二轮土地承包到期后再延长30年政策，深化农村集体产权制度改革，完善产权权能，将经营性资产折股量化到集体经济组织成员，创新农村集体经济有效组织形式和运行机制，完善农村基本经营制度。完善平等保护产权的法律制度。加大知识产权保护力度，完善和细化知识产权创造、运用、交易、保护制度规则，加快建立知识产权侵权惩罚性赔偿制度，加强企业商业秘密保护，完善新领域新业态知识产权保护制度。完善财产征收征用制度，合理界定征收征用适用的公共利益范围，细化规范征收征用法定权限和程序，并给予被征收征用者公平合理补偿。健全增加城乡居民财产性收入的各项制度。

（二）建立统一公开透明的市场准入制度

改革各种审批限制，进一步简化企业生产经营审批和条件，为投资创业创造公平的准入环境。凡是法律法规未明确禁入的行业和领域，都允许各类市场主体进入。凡是已向外资开放或承诺开放的领域，都向国内民间资本放开。凡是影响民间资本公平进入和竞争的不合理障碍，都予以取消。进一步降低市场准入门槛。围绕工程建设、教育、医疗、体育等领域，集中清理有关部门和地方在市场准入方面对企业资质、资金、股比、人员、场所等设置的不合理条件。全面实施市场准入负面清单制度。推行“全国一张清单”管理模式，维护清单的统一性和权威性。建立市场准入负面清单动态调整机制和第三方评估机制，以服务业为重点试点进一步放宽准入限制。建立统一的清单代码体系，使清单事项与行政审批体系紧密衔接、相互匹配。建立市场准入负面清单信息公开机制，提升准入政策透明度和负面清单使用便捷性。建立市场准入评估制度，定期评估、排查、清理各类显性和隐性壁垒，推动“非禁即入”普遍落实。改革生产许可制度。

（三）完善公平竞争制度

市场经济的核心是公平竞争，只有竞争是公平的，才能实现资源有效配置和企业优胜劣汰。要强化竞争政策基础地位，以竞争政策为基础来协调相关政策。全面落实公平竞争审查制度。完善竞争政策框架，建立健全竞争政策实施机制。强化公平竞争审查的刚性约束，修订完善公平竞争审查实施细则，建立公平竞争审查抽查、考核、公示制度，建立健全第三方审查和评估机制。统筹做好增量审查和存量清理，逐步清理废除妨碍全国统一市场和公平竞争的存量政策。建立违反公平竞争问题反映和举报绿色通道。加强和改进反垄断和反不正当竞争执法，加大执法力度，提高违法成本。严厉打击制售假冒伪劣商品违法行为，尤其是加大对与百姓生活密切相关、涉及人身财产安全的日常消费品的打假力度，严惩不符合强制性标准、掺杂掺假、以假充真、以次充好、以不合格产品冒充合格产品等违法行为。建立惩罚性巨额赔偿制度，严厉查处制售假冒伪劣商品违法行为，增强打击侵权假冒违法行为的震慑力。针对垄断行业、公用事业、新兴领域以及涉及百姓消费利益的重大事件，建立集体诉讼制度，加大诉讼力度。培育和弘扬公平竞争文化，进一步营造公平竞争的社会环境。

二、完善要素市场化配置

完善要素市场化配置是建设统一开放、竞争有序市场体系的内在要求，是坚持和完善社会主义基本经济制度、加快完善社会主义市场经济体制的重要内容。“十四五”时期，应尽快破除阻碍要素自由流动的体制机制障碍，扩大要素市场化配置范围，健全要素市场体系，推进要素市场制度建设，实现要素价格市场决定、流动自主有序、配置高效公平，为建设高标准市场体系、推动高质量发展、建设现代化经济体系打下坚实制度基础。

（一）建立健全统一开放的要素市场

目前，我国的要素市场发育还不充分，存在市场决定要素配置范围有限等问题，要以要素市场化配置改革为重点，深化对土地、人才、科技、资本、数据等领域要素市场的改革，建立健全统一开放的要素市场。

一是推进土地要素市场化配置。建立健全城乡统一的建设用地市场。深化产业用地市场化配置改革，健全长期租赁、先租后让、弹性年期供应、作价出资（入股）等工业用地市场供应体系。研究完善促进盘活存量建设用地的税费制度，充分运用市场机制盘活存量土地和低效用地。完善土地管理体制，增强土地管理灵活性。实施城乡土地统一调查、统一规划、统一整治、统一登记。

二是引导劳动力要素合理畅通有序流动。深化户籍制度改革，完善、放宽、放开不同规模城镇落户制度。建立城镇教育、就业创业、医疗卫生等基本公共服务与常住人口挂钩机制，推动公共资源按常住人口规模配置。畅通劳动力和人才社会性流动渠道。建立协调衔接的劳动力、人才流动政策体系和交流合作机制。完善技术技能评价制度。加大人才引进力度。

三是推进资本要素市场化配置。完善股票市场基础制度。改革完善股票市场发行、交易、退市等制度。完善投资者保护制度。加快发展债券市场。增加有效金融服务供给。健全多层次资本市场体系。优化金融资源配置，增加服务小微企业和民营企业的金融服务供给。有序扩大金融业对外开放。

四是加快发展技术要素市场。健全职务科技成果产权制度，赋予科研人员职务科技成果所有权或长期使用权，支持重大技术装备、重点新材料等领域的自主知识产权市场化运营。完善科技创新资源配置方式。改革科研项目立项和组织实施方式，完善专业机构管理项目机制，建立市场化社会化的科研成果评价制度，建立健全科技成果常态化路演和科技创新咨询制度。培育发展技术转移机构和技术经理人，提高技术转移专业服务能力。促进技术要素与资本要素融合发展。支持国际科技创新合作。发展技术贸易，促进技术进口来源多元化，扩大技术出口。

五是加快培育数据要素市场。推进政府数据开放共享，加快推动各地区各部门间数据共享交换，建立公共数据开放和数据资源有效流动的制度规范。提升社会数据资源价值，培育数字经济新产业、新业态和新模式，推动人工智能、可穿戴设备、车联网、物联网等领域数据采集标准化。加强数据资源整合和安全保护，丰富数据产品，加强对政务数据、企业商业秘密和个人数据的保护。

（二）加快要素价格市场化改革

完善主要由市场决定要素价格机制。完善城乡基准地价、标定地价的制定与发布制度，逐步形成与市场价格挂钩动态调整机制。健全最低工资标准调整、工资集体协商和企业薪酬调查制度。深化国有企业工资决定机制改革，完善事业单位岗位绩效工资制度。建立公务员和企业相当人员工资水平调查比较制度，落实并完善工资正常调整机制。稳妥推进存贷款基准利率与市场利率并轨，提高债券市场定价效率，健全反映市场供求关系的国债收益率曲线，更好发挥国债收益率曲线定价基准作用。增强人民币汇率弹性，保持人民币汇率在合理均衡水平上的基本稳定。加强要素价格管理和监督。引导市场主体依法合理行使要素定价自主权，推动政府定价机制由制定具体价格水平向制定定价规则转变。构建要素价格公示和动态监测预警体系，逐步建立要素价格调查和信息发布制度。完善要素市场价格异常波动调节机制。加强要素领域价格反垄断工作，维护要素市场价格秩序。健全生产要素由市场评价贡献、按贡献决定报酬的机制。着重保护劳动所得，增加劳动者特别是一线劳动者劳动报酬，提高劳动报酬在初次分配中的比重。全面贯彻落实以增加知识价值为导向的收入分配政策，充分尊重科研、技术、管理人才，充分体现技术、知识、管理、数据等要素的价值。

（三）健全要素市场运行机制

健全要素市场化交易平台。拓展公共资源交易平台功能。健全科技成果交易平台，完善技术成果转化公开交易与监管体系。引导培育大数据交易市场，依法合规开展数据交易。支持各类所有制企业参与要素交易平台建设，规范要素交易平台治理，健全要素交易信息披露制度。完善要素交易规则和服务。研究制定土地、技术市场交易管理制度。建立健全数据产权交易和行业自律机制。推进全流程电子化交易。推进实物资产证券化。鼓励要素交易平台与各类金融机构、中介机构合作，形成涵盖产权界定、价格评估、流转交易、担保、保险等业务的综合服务体系。提升要素交易监管水平。打破地方保护，加强反垄断和反不正当竞争执法，规范交易行为，健全投诉举报查处机制，防止发生损害国家安全及公共利益的行为。加强信用体系建设，完善失信行为认定、失信联合惩戒、信用修复等机制。健全交易风险防范处置机制。增强要素应急配置能力。把要素的应急管理和配置作为国家应急管理体系建设的重要内容，适应应急物资生产调配和应急管理需要，建立对相关生产要素的紧急调拨、采购等制度，提高应急状态下的要素高效协同配置能力。鼓励运用大数据、人工智能、云计算等数字技术，在应急管理、疫情防控、资源调配、社会管理等方面更好发挥作用。

三、强化市场法治保障

社会主义市场经济本质上是法治经济。使市场在资源配置中起决定性作用和更好发挥政府作用，必须以保护产权、维护契约、统一市场、平等交换、公平竞争、有效监管为基本导向，完善社会主义市场经济法律制度，确保有法可依、有法必依、违法必究。

（一）完善经济领域法律法规体系

健全以公平为核心原则的产权保护制度，加强对各种所有制经济组织和自然人财产权的保护，清理有违公平的法律法规条款。完善物权、债权、股权等各类产权相关法律制度，从立法上赋予私有财产和公有财产平等地位并平等保护。健全破产制度，改革完善企业破产法律制度，推动个人破产立法，建立健全金融机构市场化退出法规，实现市场主体有序退出。修订反垄断法，推动社会信用法律建设，维护公平竞争市场环境。制定和完善发展规划、国土空间规划、自然资源资产、生态环境、农业、财政税收、金融、涉外经贸等方面法律法规。按照包容审慎原则推进新经济领域立法。健全重大改革特别授权机制，对涉及调整现行法律法规的重大改革，按法定程序经全国人大或国务院统一授权后，由有条件的地方先行开展改革试验和实践创新。

（二）健全执法司法保障机制

深化行政执法体制改革。根据不同层级政府的事权和职能，按照减少层次、整合队伍、提高效率的原则，合理配置执法力量。最大限度减少不必要的行政执法事项，规范行政执法行为，进一步明确具体操作流程。加快推进综合执法，大幅减少市县两级政府执法队伍种类，重点在食品药品安全、市场监管、公共卫生、安全生产、文化旅游、资源环境等领域内推行综合执法，有条件的领域可以推行跨部门综合执法。完善市县两级政府行政执法管理，加强统一领导和协调。理顺行政强制执行体制。理顺城管执法体制，加强城市管理综合执法机构建设，提高执法和服务水平。强化对市场主体之间产权纠纷的公平裁判，完善涉及查封、扣押、冻结和处置公民财产行为的法律制度。健全涉产权冤错案件有效防范和常态化纠正机制。

（三）全面建立行政权力制约和监督机制

依法全面履行政府职能，推进机构、职能、权限、程序、责任法定化，实行政府权责清单制度。健全重大行政决策程序制度，提高决策质量和效率。加强对政府内部权力的制约，强化内部流程控制，防止权力滥用。完善政府内部层级监督和专门监督，改进上级机关对下级机关的监督，建立常态化监督制度。完善纠错问责机制，健全责令公开道歉、停职检查、引咎辞职、责令辞职、罢免等问责方式和程序。完善审计制度，对公共资金、国有资产、国有资源和领导干部履行经济责任情况实行审计全覆盖。加强重大政策、重大项目财政承受能力评估。推动审批监管、执法司法、工程建设、资源开发、海外投资和在境外国有资产监管、金融信贷、公共资源交易、公共财政支出等重点领域监督机制改革和制度建设，对这些领域的关键部门和岗位实行分事行权、分岗设权、分级授权，定期轮岗，强化内部流程控制，防止权力滥用。依法推进财政预算、公共资源配置、重大建设项目批准和实施、社会公益事业建设等领域政府信息公开。

（四）完善发展市场经济监督制度和监督机制

坚持和完善党和国家监督体系，强化政治监督，严格约束公权力，推动落实党委（党组）主体责任、书记第一责任人责任、纪委监委监督责任。持之以恒深入推进党风廉政建设和反腐败斗争，坚决依规依纪依法查处资源、土地、规划、建设、工程、金融等领域腐败问题。完善监察法实施制度体系，围绕权力运行各个环节，压减权力设租寻租空间，坚决破除权钱交易关系网，实现执规执纪执法贯通，促进党内监督、监察监督、行政监督、司法监督、审计监督、财会监督、统计监督、群众监督、舆论监督协同发力，推动社会主义市场经济健康发展。

第三节

完善宏观经济治理体制

科学的宏观调控，有效的政府治理，是发挥社会主义市场经济体制优势的内在要求。“十四五”时期，面对错综复杂的国内外形势，面对新时代新使命和更加艰巨繁重的改革发展稳定任务，顶住经济下行压力、保持经济运行在合理区间，推动经济高质量发展，必须坚持推进政府自身改革，加强和完善宏观经济治理体制，完善政府经济调节、市场监管、社会管理、公共服务、生态环境保护等职能，不断提高宏观经济治理能力。

一、完善宏观调控机制

科学有效有度的宏观调控是实现经济社会平稳健康发展的重要保障，是完善社会主义市场经济体制、推进国家治理体系和治理能力现代化的客观要求。宏观调控的主要任务是保持经济总量平衡，促进重大经济结构协调和生产力布局优化，减缓经济周期波动影响，防范区域性、系统性风险，稳定市场预期，实现经济持续健康发展。“十四五”时期，适应我国经济社会发展的阶段性特征和国际国内经济形势的新变化，必须加快建立与高质量发展要求相适应、体现新发展理念的宏观调控目标体系、政策体系、决策协调体系、监督考评体系和保障体系。

健全以国家发展规划为战略导向，以财政政策和货币政策为主要手段，就业、产业、投资、消费、区域等政策协同发力的宏观调控制度体系，推进宏观调控目标制定和政策手段运用机制化，提高相机抉择水平。完善国家重大发展战略和中长期经济社会发展规划制度。围绕实现党和国家的战略意图和中长期发展目标，增强重大战略和中长期规划对公共预算、国土开发、资源配置等政策措施的宏观引导、统筹协调功能，强化专项规划和区域规划对总体规划、地方规划对国家规划的支撑，强化国家战略在各个层面的统一落实，确保一张蓝图干到底。要完善标准科学、规范透明、约束有力的预算制度。进一步提高预算编制的科学性，强化地方和部门预算执行的主体责任，更好发挥人民代表大会等对预算的监督作用，进一步提升预算的全面性、规范性和透明度；优化财政支出结构，保障调结构、促改革、补短板、惠民生等重点领域支出需要，不断提高财政资金配置效率，更好发挥财政政策作用。要建设现代中央银行制度。完善基础货币投放机制，健全基准利率和市场化利率体系，保持流动性合理充裕，改善货币政策传导机制，加强货币政策、宏观审慎管理政策和金融监管的协调，促进多层次资本市场健康发展，提高直接融资比重，提升金融服务实体经济效能。要促进就业、产业、投资、消费、区域等政策协同发力。坚持就业优先战略，实施更加积极的就业政策，突出重点群体，创造更多就业岗位，着力解决结构性失业问题，健全企业工资决定和正常增长机制，完善工资指导线制度。

产业政策要逐步转向普惠化、功能性，强化对科技创新和产业优化升级的支持。更好发挥投资补短板的关键作用，深化投融资体制改革，用好政府投资杠杆，发挥市场机制和社会投资作用，拉动有效投资。大力落实促消费政策措施，多措并举促进城乡居民收入增长，加快破除制约居民消费的体制机制障碍，持续改善消费环境，促进居民消费提质升级。完善落实区域政策，促进区域协调发展，深入推进京津冀协同发展、长江经济带发展、粤港澳大湾区建设、长江三角洲区域一体化发展、海南全面深化改革开放、黄河流域生态保护和高质量发展等重大战略，统筹推进西部大开发、东北全面振兴、中部地区崛起、东部率先发展，发挥各地区比较优势，落实主体功能区战略，完善空间治理，推动形成主体功能明显、优势互补、高质量发展的区域经济格局。加强国家经济安全保障制度建设，构建国家粮食安全和战略资源能源储备体系。优化经济治理基础数据库。强化经济监测预测预警能力，充分利用大数据、人工智能等新技术，建立重大风险识别和预警机制，加强社会预期管理。形成参与国际宏观经济政策协调的机制，推动国际经济治理结构完善。要把加强预期管理与发展规划、各项政策有机结合起来，切实增强宏观调控的前瞻性、针对性、协同性。

二、建立现代财税金融体制

深化财税体制改革，完善金融监管，提高财政政策、货币政策的调控水平。

加快建立现代财税制度。财政是国家治理的基础和重要支柱，科学的财税体制是优化资源配置、维护市场统一、促进社会公平、实现国家长治久安的制度保障。加强财政资源统筹，加强中期财政规划管理，增强国家重大战略任务财力保障。优化政府间事权和财权划分，建立权责清晰、财力协调、区域均衡的中央和地方财政关系，形成稳定的各级政府事权、支出责任和财力相适应的制度，发挥中央和地方两个积极性。适当加强中央在知识产权保护、养老保险、跨区域生态环境保护等方面事权，减少并规范中央和地方共同事权。完善一般性转移支付增长机制，重点增加对革命老区、民族地区、边疆地区、贫困地区的转移支付。中央出台增支政策形成的地方财力缺口，原则上通过一般性转移支付调节。清理、整合、规范专项转移支付项目，逐步取消竞争性领域专项和地方资金配套，严格控制引导类、救济类、应急类专项，对保留专项进行甄别，属地方事务的划入一般性转移支付。深化预算管理制度改革，完善标准科学、规范透明、约束有力的预算制度，强化对预算编制的宏观指导，全面实施预算绩效管理，提高财政资金使用效率。依法构建管理规范、责任清晰、公开透明、风险可控的政府举债融资机制，强化监督问责。清理规范地方融资平台公司，剥离政府融资职能。完善现代税收制度，健全地方税、直接税体系，优化税制结构，适当提高直接税比重，深化税收征管制度改革。完善直接税制度并逐步提高其比重。研究将部分品目消费税征收环节后移。建立和完善综合与分类相结合的个人所得税制度。稳妥推进房地产税立法。健全地方税体系，调整完善地方税税制，培育壮大地方税税源，稳步扩大地方税管理权。

强化货币政策、宏观审慎政策和金融监管协调。建设现代中央银行制度，完善货币供应调控机制，稳妥推进数字货币研发，健全市场化利率形成和传导机制。构建金融有效支持实体经济的体制机制，提升金融科技水平，增强金融普惠性。完善金融市场体系。扩大金融业对内对外开放。深化国有商业银行改革，支持中小银行和农村信用社持续健康发展，改革优化政策性金融。完善保险经济补偿机制，建立巨灾保险制度。发展普惠金融。鼓励金融创新，丰富金融市场层次和产品。完善人民币汇率市场化形成机制。完善现代金融监管体系，提高金融监管透明度和法治化水平，完善存款保险制度，健全金融风险预防、预警、处置、问责制度体系，对违法违规行为零容忍。依法依规界定中央和地方金融监管权责分工，强化地方政府属地金融监管职责和风险处置责任。建立健全金融消费者保护基本制度。全面实行股票发行注册制，建立常态化退市机制，提高直接融资比重。推进金融双向开放。有序实现人民币资本项目可兑换，稳步推进人民币国际化。

三、完善科技创新制度和组织体系

坚持创新在我国现代化建设全局中的核心地位，把科技自立自强作为国家发展的战略支撑，面向世界科技前沿、面向经济主战场、面向国家重大需求、面向人民生命健康，深入实施科教兴国战略、人才强国战略、创新驱动发展战略，完善国家创新体系，加快建设科技强国。

一是要强化国家战略科技力量。制定科技强国行动纲要，健全社会主义市场经济条件下新型举国体制，打好关键核心技术攻坚战，提高创新链整体效能。构建社会主义市场经济条件下关键核心技术攻关新型举国体制，把集中力量办大事的制度优势、超大规模的市场优势同发挥市场在资源配置中的决定性作用结合起来，以健全国家实验室体系为抓手，加快建设跨学科、大协作、高强度的协同创新基础平台，强化国家战略科技力量。完善科技创新资源配置方式，改革科研项目立项和组织实施方式，聚焦关键核心技术，坚持目标引领，建立健全多元化支持机制。聚焦国家目标和战略需求，优先在具有明确国家目标和紧迫战略需求的重大领域，在有望引领未来发展的战略制高点，面向未来、统筹部署，布局建设一批突破型、引领型、平台型一体的国家实验室。瞄准人工智能、量子信息、集成电路、生命健康、脑科学、生物育种、空天科技、深地深海等前沿领域，实施一批具有前瞻性、战略性的国家重大科技项目。以重大科技任务攻关和国家大型科技基础设施为主线，依托最有优势的创新单元，整合全国创新资源，聚集国内外一流人才，探索建立符合大科学时代科研规律的科学研究组织形式、学术和人事管理制度，构建目标导向、绩效管理、协同攻关、开放共享的新型举国体制，同其他各类科研机构、大学、企业研发机构形成功能互补、良性互动的协同创新新格局。加大持续稳定支持强度，开展具有重大引领作用的跨学科、大协同的创新攻关，打造体现国家意志、具有世界一流水平、引领发展的重要战略科技力量。

二是要加大基础研究投入，健全鼓励支持基础研究、原始创新的体制机制。加强基础研究、注重原始创新，优化学科布局和研发布局，推进学科交叉融合，完善共性基础技术供给体系。在科研布局、科研评价、政策环境、资金投入等方面加强顶层设计和综合施策，切实加大对基础研究的支持力度。完善基础研究投入机制，提高基础研究占全社会研发投入比例，充分发挥国家对基础研究投入的主体作用，加大中央财政对基础研究的支持力度，加大对基础学科、基础研究基地和基础科学重大设施的稳定支持。积极引导和鼓励地方政府、企业和社会力量加大对基础研究的投入，形成全社会重视和支持基础研究的合力。加强顶层设计和整体布局，完善国家基础研究管理部门之间的沟通协调机制，按照新的国家科技计划体系对基础研究工作进行系统性部署和支持。发挥国家自然科学基金支持源头创新的重要作用。国家重点研发计划以及基地和人才专项加强支持开展目标导向类基础研究和协同创新，建立按照国家目标凝练基础研究重点任务的有效机制，进行长期稳定支持。推进科教融合发展，结合国际一流科研机构、世界一流大学和一流学科建设，支持高等学校与科研机构自主布局基础研究，扩大高等学校与科研机构学术自主权和个人科研选题选择权，支持一批高水平大学和科研院所组建跨学科、综合交叉的科研团队，促进高等学校和科研院所全面参与基础研究，推进基础研究全面、协调、可持续发展。改善学术环境，建立符合基础研究特点和规律的评价机制。自由探索类基础研究采用长周期评价机制，实行国际同行评估，主要评价研究的原创性和学术贡献；目标导向类基础研究强调目标实现程度，主要评价解决重大科学问题的效能；确立以创新质量和学术贡献为核心的评价导向。

三是建立以企业为主体、市场为导向、产学研深度融合的技术创新体系。强化企业创新主体地位，促进各类创新要素向企业集聚。支持大中小企业和各类主体融通创新，创新促进科技成果转化机制，积极发展新动能，强化标准引领，提升产业基础能力和产业链现代化水平。强化企业创新主体地位和主导作用，引导各类创新要素向企业集聚，不断增强企业创新动力、创新活力、创新实力。聚焦高端芯片、集成电路装备和工艺技术、集成电路关键材料、集成电路设计工具、基础软件、工业软件、应用软件的关键核心技术研发，培育一批创新企业，促进企业快速壮大，强化引领带动作用，提升国际竞争力。发挥国家科技成果转化引导基金、国家中小企业发展基金、国家新兴产业创业投资引导基金等创业投资引导基金对全国创投市场培育和发展的引领作用，引导各类社会资本为符合条件的科技型中小微企业提供融资支持，支持科技型中小微企业健康发展。坚持以市场为导向、企业为主体、政策为引导，推进政产学研用创紧密结合，深化产学研协同创新机制。推动创新资源向企业集聚，推动企业提升创新能力。进一步破除制约科技成果转移转化的体制机制障碍，完善相关配套措施，强化技术转移机制建设，加强科技成果权益管理改革，激发科研人员创新创业活力。推动一批见效快、产业升级带动力强的重大科技成果转化应用，显著提高企业、高等学校和科研院所科技成果转移转化能力，健全市场化的技术交易服务体系，推动科技型创新创业，发展壮大专业化技术转移人才队伍，建立完善多元化的科技成果转移转化投入渠道，健全功能完善、运行高效、市场化的科技成果转移转化体系。

四是激发人才创新活力。贯彻尊重劳动、尊重知识、尊重人才、尊重创造方针，深化人才发展体制机制改革，全方位培养、引进、用好人才，造就更多国际一流的科技领军人才和创新团队，培养具有国际竞争力的青年科技人才后备军。健全以创新能力、质量、实效、贡献为导向的科技人才评价体系。加强学风建设，坚守学术诚信。深化院士制度改革。健全创新激励和保障机制，构建充分体现知识、技术等创新要素价值的收益分配机制，完善科研人员职务发明成果权益分享机制。加强创新型、应用型、技能型人才培养，实施知识更新工程、技能提升行动，壮大高水平工程师和高技能人才队伍。支持发展高水平研究型大学，加强基础研究人才培养。实行更加开放的人才政策，构筑集聚国内外优秀人才的科研创新高地。

四、健全城乡区域协调发展新机制

推动城乡区域协调发展。农业、农村、农民问题是关系国计民生的根本问题，必须始终把解决好“三农”问题作为全党工作重中之重。全面实施乡村振兴战略，完善农业农村优先发展和保障国家粮食安全的制度政策，健全城乡融合发展体制机制。优化人口和经济活动空间布局，增强区域发展的协调性，是国家治理面对的一个重要问题。构建区域协调发展新机制，形成主体功能明显、优势互补、高质量发展的区域经济布局。

（一）健全城乡融合发展体制机制

一是坚持农业农村优先发展。“三农”问题是关系国计民生的根本性问题，它贯穿于我国现代化建设和实现中华民族伟大复兴进程的始终，是全党工作的重中之重，坚持农业农村优先发展是根本体现。要把实现乡村振兴作为全党的共同意志、共同行动，做到认识统一、步调一致，在干部配备上优先考虑，在要素配置上优先满足，在资金投入上优先保障，在公共服务上优先安排，并切实从制度上予以落实保障，加快补齐农业农村短板。

二是健全粮食安全保障机制。坚持以我为主、立足国内、确保产能、适度进口、科技支撑的国家粮食安全战略，建立全方位的粮食安全保障机制。按照“确保谷物基本自给、口粮绝对安全”的要求，持续巩固和提升粮食生产能力。深化中央储备粮管理体制改革，科学确定储备规模，强化中央储备粮监督管理，推进中央、地方两级储备协同运作。鼓励加工流通企业、新型经营主体开展自主储粮和经营。全面落实粮食安全省长责任制，完善监督考核机制。强化粮食质量安全保障。加快完善粮食现代物流体系，构建安全高效、一体化运作的粮食物流网络。杜绝浪费，节约粮食，切实出台有效措施。

三是健全城乡融合发展体制机制。健全有利于城乡要素合理配置的体制机制，坚决破除妨碍城乡要素自由流动和平等交换的体制机制壁垒，促进各类要素更多向乡村流动，在乡村形成人才、土地、资金、产业、信息汇聚的良性循环。健全有利于城乡基本公共服务普惠共享的体制机制，推动公共服务向农村延伸、社会事业向农村覆盖，健全全民覆盖、普惠共享、城乡一体的基本公共服务体系，推进城乡基本公共服务标准统一、制度并轨。健全有利于城乡基础设施一体化发展的体制机制，把公共基础设施建设重点放在乡村，坚持先建机制、后建工程，加快推动乡村基础设施提档升级，实现城乡基础设施统一规划、统一建设、统一管护。健全有利于乡村经济多元化发展的体制机制，围绕发展现代农业、培育新产业新业态，完善农企利益紧密联结机制，实现乡村经济多元化和农业全产业链发展。健全有利于农民收入持续增长的体制机制，拓宽农民增收渠道，促进农民收入持续增长，持续缩小城乡居民生活水平差距。

（二）健全区域协调发展机制

建立健全区域战略统筹机制。推动国家重大区域战略融合发展。建立健全以中心城市引领城市群发展、城市群带动区域发展新模式。统筹发达地区和欠发达地区发展。建立健全长效普惠性的扶持机制和精准有效的差别化支持机制，健全国土空间用途管制制度，建立发达地区与欠发达地区区域联动机制。推动陆海统筹发展。加强海洋经济发展顶层设计，完善规划体系和管理机制，研究制定陆海统筹政策措施。健全市场一体化发展机制。促进城乡区域间要素自由流动。实施全国统一的市场准入负面清单制度、公平竞争审查制度。全面放宽城市落户条件，加快深化农村土地制度改革。推动区域市场一体化建设。探索建立规划制度统一、发展模式共推、治理方式一致、区域市场联动的区域市场一体化发展新机制。完善区域交易平台和制度。建立健全用水权、排污权、碳排放权、用能权初始分配与交易制度，完善自然资源资产有偿使用制度，构建统一的自然资源资产交易平台。建立健全用能预算管理制度。深化区域合作机制。推动区域合作互动。有序发展区域性行业协会商会，探索建立城市群协调治理模式。促进流域上下游合作发展。建立健全上下游毗邻省市规划对接机制，完善流域内相关省市政府协商合作机制。加强省际交界地区合作。探索建立统一规划、统一管理、合作共建、利益共享的合作新机制。建立健全跨省城市政府间联席会议制度，完善省际会商机制。积极开展国际区域合作。构建互利共赢的国际区域合作新机制。优化区域互助机制。深入实施东西部扶贫协作。完善劳务输出精准对接机制，加强扶贫协作双方党政干部和专业技术人员交流。

深入开展对口支援。完善和规范对口支援规划的编制实施和评估调整机制。创新开展对口协作（合作）。构建政府、企业和相关研究机构等社会力量广泛参与的对口协作（合作）体系。健全区际利益补偿机制。完善多元化横向生态补偿机制。建立粮食主产区与主销区之间利益补偿机制。健全资源输出地与输入地之间利益补偿机制。完善有利于资源集约节约利用和可持续发展的资源价格形成机制，加快建立支持资源型地区经济转型长效机制。完善基本公共服务均等化机制。提升基本公共服务保障能力。建立起权责清晰、财力协调、标准合理、保障有力的基本公共服务制度体系和保障机制。提高基本公共服务统筹层次。完善企业职工基本养老保险基金中央调剂制度，完善基本医疗保险制度，巩固完善义务教育管理体制。推动城乡区域间基本公共服务衔接。加快建立医疗卫生、劳动就业等基本公共服务跨城乡跨区域流转衔接制度，探索基本公共服务跨区域流转衔接具体做法，加快形成可复制可推广的经验。创新区域政策调控机制。实行差别化的区域政策。制定深入推进西部大开发和促进中部地区崛起的政策措施，动态调整西部地区有关产业指导目录，对西部地区优势产业和适宜产业发展给予必要的政策倾斜，对边境和特殊困难地区实行建设用地计划指标倾斜。建立区域均衡的财政转移支付制度。建立健全区域政策与其他宏观调控政策联动机制。健全区域发展保障机制。规范区域规划编制管理。实行区域规划编制审批计划管理制度，健全区域规划实施机制。建立区域发展监测评估预警体系。建立区域协调发展评价指标体系，加快建立区域发展风险识别和预警预案制度。建立健全区域协调发展法律法规体系。健全区域政策制定、实施、监督、评价机制。

五、持续优化政府服务水平和创新监管机制

行政管理和服务水平直接体现了政府治理能力，也关乎政府形象，要坚持创新行政管理和服务方式，加快推进全国一体化政务服务平台建设，健全强有力的行政执行系统，提高政府执行力和公信力，努力创建一流的营商环境，持续优化政府服务，以实实在在的成效取信于民。

深入推进“放管服”改革。以一流营商环境建设为牵引持续优化政府服务。深化行政审批制度改革，进一步精简行政许可事项，对所有涉企经营许可事项实行“证照分离”改革，大力推进“照后减证”。全面开展工程建设项目审批制度改革。深化投资审批制度改革，简化、整合投资项目报建手续，推进投资项目承诺制改革，依托全国投资项目在线审批监管平台加强事中事后监管。创新行政管理和服务方式，深入开展“互联网＋政务服务”，加快推进全国一体化政务服务平台建设。建立健全运用互联网、大数据、人工智能等技术手段进行行政管理的制度规则。落实《优化营商环境条例》，完善营商环境评价体系，适时在全国范围开展营商环境评价，加快打造市场化、法治化、国际化营商环境。

构建适应高质量发展要求的社会信用体系和新型监管机制。完善诚信建设长效机制，推进信用信息共享，建立政府部门信用信息向市场主体有序开放机制。健全覆盖全社会的征信体系，培育具有全球话语权的征信机构和信用评级机构。实施“信易＋”工程。完善失信主体信用修复机制。建立政务诚信监测治理体系，建立健全政府失信责任追究制度。严格市场监管、质量监管、安全监管，加强违法惩戒。加强市场监

管改革创新，健全以“双随机、一公开”监管为基本手段、以重点监管为补充、以信用监管为基础的新型监管机制。以食品安全、药品安全、疫苗安全为重点，健全统一权威的全过程食品药品安全监管体系。完善网络市场规制体系，促进网络市场健康发展。健全对新业态的包容审慎监管制度。

第四节

建设更高水平开放型经济新体制

对外开放是我国的基本国策，是国家繁荣发展的必由之路。中国越发展，就越开放，中国开放的大门不可能关闭。要以高水平对外开放打造国际合作和竞争新优势。国际经济联通和交往仍是世界经济发展的客观要求。我国经济持续快速发展的一个重要动力就是对外开放。要全面提高对外开放水平，建设更高水平开放型经济新体制，形成国际合作和竞争新优势。要积极参与全球经济治理体系改革，推动完善更加公平合理的国际经济治理体系。

一、构建对外开放新格局

经过 40 多年的改革开放，我国经济发展取得举世瞩目的巨大成就。目前我国已成为世界第二大经济体、第一大货物出口国，利用外资和对外投资规模位居世界前列。发展没有止境，改革开放不能止步。建设更高水平开放型经济新体制，必须实施更大范围、更宽领域、更深层次的全面开放。

（一）推动“一带一路”高质量发展

坚持共商共建共享原则，秉持绿色、开放、廉洁理念，深化务实合作，加强安全保障，促进共同发展。进一步扩大开放合作，推动共建“一带一路”高质量发展，促进商品、资金、技术、人员等更大范围流通，依托各类开发区发展高水平经贸产业合作园区，加强市场、规则、标准等方面的软联通，加强政策、规则、标准联通，强化合作机制建设。构筑互利共赢的产业链供应链合作体系，深化国际产能合作，扩大双向贸易和投资。加强与相关国家发展战略以及市场、产业、项目有效对接，打造全方位互联互通新格局，聚焦重点国家和重点项目深耕细作。稳步提高跨境贸易和投资人民币结算比例，扩大经常项目人民币跨境使用，拓宽人民币跨境投融资渠道，稳步推进人民币国际化。推动贸易投资合作优化升级，完善金融支撑和服务体系，推进国际产能合作和第三方市场合作。发展特色服务贸易，鼓励企业在“一带一路”沿线区域开展电子商务。深化人文交流和友好往来，建设一批联合科研平台和科技园区。

（二）实施更大范围的全面开放

要优化对外开放的空间格局，通过更大范围的开放，改变东快西慢、沿海强内陆弱的开放状况，引导沿海内陆沿边开放优势互补、协同发展。要巩固东部沿海地区和全国特大城市的开放先导地位，加快从全球加工装配基地向研发设计、先进制造基地转变，推进服务业、制造业开放先行先试，形成引领国际合作和竞争的新经济集聚区。完善内陆开放布局，更好发挥东部地区对中西部地区的产业辐射带动作用，促进产业梯度转移，充分发挥中西部地区资源、土地、劳动力等优势，推动各类产业聚集园区转型升级，提升中西部地区承接产业转移能力，积极培育内陆地区全球重要加工制造基地和新增长极。加快重点口岸、边境城市、边境（跨境）经济合作区建设，加强与周边国家基础设施互联互通。

（三）实施更宽领域的全面开放

从经济发展史看，通过一定的市场准入限制来保护国内幼稚产业和维护国家经济安全，是发达国家和发展中国家的通行做法。当前，我国经济进入高质量发展阶段，需要通过更宽领域的开放，吸引更多更优质的外资在我国市场上同台竞争，这有利于推动我国企业和产业在更高水平上经风雨、见世面，不断增强国际竞争力。更宽领域的全面开放，不仅包括扩大对外贸易、跨境投资合作，还包括深化和拓展资金、人才、科技等领域国际合作，完善要素市场化国际化配置，使商品、要素等领域开放形成协同效应，更好地发展和积聚我国经济新动能。

（四）实施更深层次的全面开放

开放型经济本质上要求权利与责任的对等性、国际规则的透明性、全球治理的公平性。建设更高水平开放型经济新体制，需要推动由商品和要素流动型开放向规则等制度型开放转变，这是更深层次开放的核心要义，标志着我国扩大对外开放进入新阶段。要从我国国情出发，借鉴和对标国际先进经验，完善我国涉外经贸法律和规则体系，推动规则、规制、管理、标准等制度型开放，营造更加市场化、法治化、国际化的营商环境。要充分发挥中国特色社会主义制度优势、超大规模市场优势，积极参与全球经济治理体系改革。

二、加快对外开放高地建设

加快自由贸易试验区、自由贸易港等对外开放高地建设，在更大范围复制推广改革成果。充分发挥上海临港新片区等示范引领作用，赋予自由贸易试验区更大改革自主权，以制度创新为核心，持续深化首创性、差别化改革探索，加强改革试点经验复制推广。稳步推进海南自由贸易港建设，探索建设中国特色自由贸易港，打造开放层次更高、营商环境更优、辐射作用更强的对外开放高地。

（一）加快自由贸易试验区建设

建设自由贸易试验区是党中央、国务院在新时代推进改革开放的一项战略举措，肩负着为全面深化改革和扩大开放探索新途径、积累新经验的重大使命。设立自由贸易试验区以来，取得了显著的成就，仅2019年一年，18个自贸区落地外资企业6242家、利用外资1436亿元。“十四五”时期，在明确中央和地方权力责任、确保风险的基础上，进一步加大对自由贸易试验区的授权力度，支持自由贸易试验区进一步扩大开放和创新发展。对不涉及国家禁止性规定的改革创新，允许自由贸易试验区自行试点、自担风险。进一步下放投资审批、市场准入等管理权限，支持自由贸易试验区勇于突破瓶颈，进行差别化探索。在建设好已有试验区的同时，推动中西部地区增设更多自由贸易试验区，加强对当地扩大开放的引领带动作用。同时，加强改革试点经验复制推广。要深刻认识复制推广自贸试验区改革试点经验的重大意义，将复制推广工作作为贯彻新发展理念、推动高质量发展、建设现代化经济体系的重要举措。要把复制推广第六批改革试点经验与巩固落实前五批经验结合起来，同一领域的要加强系统集成，不同领域的要强化协同高效，推动各方面制度更加成熟更加定型，把制度优势转化为治理效能，推进治理体系和治理能力现代化，进一步优化营商环境，激发市场活力，建设更高水平开放型经济新体制。

（二）加快海南自由贸易港建设

建设海南自由贸易港，是习近平总书记亲自谋划、亲自部署、亲自推动的改革开放重大举措，是党中央着眼国内国际两个大局，深入研究、统筹考虑、科学谋划作出的战略决策。2020 年 6 月，中共中央、国务院印发了《海南自由贸易港建设总体方案》。“十四五”时期，要以贸易投资自由化便利化为重点，以各类生产要素跨境自由有序安全便捷流动和现代产业体系为支撑，以特殊的税收制度安排、高效的社会治理体系和完备的法治体系为保障，在明确分工和机制措施、守住不发生系统性风险底线的前提下，构建海南自由贸易港政策制度体系。到“十四五”末，初步建立以贸易自由便利和投资自由便利为重点的自由贸易港政策制度体系。在实现有效监管的前提下，建设全岛封关运作的海关监管特殊区域。对货物贸易，实行以“零关税”为基本特征的自由化便利化制度安排。对服务贸易，实行以“既准入又准营”为基本特征的自由化便利化政策举措。大幅放宽海南自由贸易港市场准入，实施市场准入承诺即入制，实行以过程监管为重点的投资便利制度。坚持金融服务实体经济，重点围绕贸易投资自由化便利化，分阶段开放资本项目，构建多功能自由贸易账户体系。针对高端产业人才，实行更加开放的人才和停居留政策。对外籍高层次人才投资创业、讲学交流、经贸活动方面提供出入境便利。实现工作许可、签证与居留信息共享和联审联检。逐步实施更大范围适用免签入境政策，逐步延长免签停留时间。实施高度自由便利开放的运输政策，建立更加自由开放的航运制度，提升运输便利化和服务保障水平。在确保数据流动安全可控的前提下，有序扩大通信资源和业务开放。大力发展旅游业、现代服务业和高新技术产业，不断夯实实体经济基础，增强产业竞争力。按照零关税、低税率、简税制、强法治、分阶段的原则，逐步建立与高水平自由贸易港相适应的税收制度。着力推进政府机构改革和政府职能转变，鼓励区块链等技术集成应用于治理体系和治理能力现代化，构建系统完备、科学规范、运行有效的自由贸易港治理体系。建立以海南自由贸易港法为基础，以地方性法规和商事纠纷解决机制为重要组成的自由贸易港法治体系，营造国际一流的自由贸易港法治环境。制定实施有效措施，有针对性防范化解贸易、投资、金融、数据流动、生态和公共卫生等领域重大风险。

三、完善高水平开放政策保障机制和服务体系

健全高水平开放政策保障机制。一是推动产业扩大开放。健全外商投资准入前国民待遇加负面清单管理制度，实行高水平贸易和投资自由

化便利化政策，大幅度放宽市场准入，在更多领域允许外资控股或独资经营，扩大利用外资规模，优化利用外资结构，提高利用外资质量和水平。推动制造业、农业扩大开放，引导外资更多投向先进制造业、现代农业。推动服务业扩大开放，稳步扩大金融市场和机构开放，加快电信、教育、医疗、文化等领域开放进程，放宽外资股比限制。鼓励跨国公司在华设立地区总部、研发中心、采购中心、财务管理中心等功能性机构，与国内科研机构和企业联合开展技术研发和产业化推广。

二是拓展对外贸易多元化。优化国际市场布局，综合考虑市场规模、贸易潜力、消费结构、产业互补、国别风险等因素，引导企业开拓一批重点市场。继续深耕发达经济体市场，拓展亚洲、非洲、拉美等市场，逐步提高自贸伙伴、新兴市场和发展中国家在对外贸易中的比重。扩大与周边国家贸易规模和水平。鼓励行业龙头企业提高国际化经营水平，深度融入全球供应链、产业链、价值链、创新链。推动中小企业聚焦主业、转型升级，走“专精特新”国际化道路。提升产品质量，加快品牌培育，促进贸易新业态发展，提升贸易数字化水平，加快建设国际营销体系，推进贸易高质量发展。在符合世界贸易组织规则前提下，发挥财政资金对贸易发展的促进作用，完善出口退税机制。在依法合规、风险可控、商业可持续的前提下，支持金融机构有序开展金融创新，提供多层次、多样化金融服务，进一步发挥进出口信贷和出口信用保险作用。积极主动扩大进口，办好中国国际进口博览会，降低进口环节制度性交易成本，推动进口与出口平衡发展。着力优化进口结构，继续敦促相关国家放宽对华出口管制，增加有助于促进经济转型升级的技术、设备、中间品和研发设计、节能环保、环境服务等生产性服务进口，扩大与人民生活密切相关的高品质消费品和生活性服务进口。

三是健全促进对外投资政策和服务体系。加强对外投资公共服务平台建设，健全完善管理服务机制，做好对重点市场相关法律法规、准入政策、市场信息等收集发布，增加对外投资合作公共产品服务供给。创新对外投资方式，聚焦重点国别和领域，优化国别产业布局，培育一批发展前景好、功能定位准的境外经贸合作区。继续鼓励有实力、信誉好的企业走出去，规范企业海外经营行为，打造中国投资品牌，树立中国投资形象，带动中国装备、技术、标准和服务走出去，构建面向全球的贸易、投融资、生产、服务网络。

四是推动制度型开放。主要是在国际经贸规则、规制、管理、标准等方面加强开放合作。要深化外经贸体制改革，加强事中事后监管，推动世界贸易组织贸易便利化协定实施，进一步优化通关、退税、外汇等管理方式，推进国际贸易"单一窗口"建设和应用，落实减税降费政策，创建国际一流营商环境。推动与世界主要经济体商建自由贸易区进程，不断扩大自由贸易区网络覆盖范围，加快形成立足周边、辐射"一带一路"、面向全球的高标准自由贸易区网络。维护开放、包容、透明、非歧视性等世界贸易组织核心价值和基本原则，反对单边主义和保护主义，推动世界贸易组织进行必要改革。积极参与多边贸易规则谈判，建设性参与全球经济治理，推动建设开放型世界经济。

五是完善涉外经贸法律和规则体系。实施更大范围、更宽领域、更深层次的全面开放，必然要求不断完善涉外经贸法律及相关领域国内立法，促进与国际通行经贸规则有机衔接、良性互动。要全面实施《外商投资法》，加快制定配套政策措施，加强产权和知识产权保护，保护外商投资合法权益，促进内外资企业公平竞争，保障外商投资企业国民待遇。完善对外贸易调查制度，健全产业损害预警体系，妥善应对贸易摩擦，提升运用贸易救济规则能力和水平。研究设立贸易调整援助制度。健全对外开放国家经济安全保障体系，健全外商投资国家安全审查、反垄断审查、国家技术安全清单管理、不可靠实体清单等制度，切实维护我国主权、安全和发展利益。构建海外利益保护和风险预警防范体系，加强风险监测分析，引导企业防范风险，保障重大项目和人员机构安全。

四、积极参与全球经济治理

当今世界正经历百年未有之大变局，新冠肺炎疫情全球大流行使这个大变局加速变化，国际经济、科技、文化、安全、政治等格局都在发生深刻调整。国际经济联通和交往仍是世界经济发展的客观要求。要积极参与全球经济治理体系改革，推动完善更加公平合理的国际经济治理体系。

维护完善多边贸易体制，维护世界贸易组织在多边贸易体制中的核心地位，积极推动和参与世界贸易组织改革，积极参与多边贸易规则谈判，推动贸易和投资自由化便利化，推动构建更高水平的国际经贸规则。多边贸易体制与规则是国际贸易自由化、便利化的基础，其生命力在于普惠性和非歧视性。我国是多边贸易体制的积极参与者和坚定支持者，也是重要的建设者和主要受益者。目前，全球贸易体系正在经历新的重构。我国必须充分运用世界第二的综合国力和国际影响力，以更加积极的姿态参与现有国际规则的完善，促进建立均衡、共赢、包容发展的多边贸易体制，推动形成公正、合理、透明的国际经贸规则体系，减少和消除贸易投资壁垒，为我国继续深入参与全球经贸活动创造良好条件。

加快自由贸易区建设，推动构建面向全球的高标准自由贸易区网络。实施自由贸易区提升战略，构建面向全球的高标准自由贸易区网络。多边贸易体制和区域贸易安排是经济全球化的两大支柱。在中美贸易摩擦和新冠肺炎疫情的影响下，全球化进程受阻，许多国家开始将重点转向区域合作，纷纷加大了自贸区建设力度。我国应积极发挥建设性和领导者的作用，推动区域全面经济伙伴关系协定谈判，以周边为基础加快实施自由贸易区战略。同时，坚持开放的区域主义，协调推进跨区域合作，致力于形成面向全球的高标准自由贸易区网络，实现我国与相关国家的互利共赢，形成于我有利的地缘经济与政治新格局。

积极参与国际宏观经济政策沟通协调及国际经济治理体系改革和建设，提出更多中国倡议、中国方案。依托共建“一带一路”倡议及联合国、上海合作组织、金砖国家、二十国集团、亚太经合组织等多边和区域次区域合作机制，积极参与全球经济治理和公共产品供给，构建全球互联互通伙伴关系，加强与相关国家、国际组织的经济发展倡议、规划和标准的对接。推动国际货币基金组织份额与治理改革以及世界银行投票权改革。

第五节

完善统筹城乡的民生保障制度

带领人民创造美好生活，是我们党始终不渝的奋斗目标。增进人民福祉、促进人的全面发展是我们党立党为公、执政为民的本质要求。民生保障制度涉及群众面最广、涉及群众利益最深、涉及群众的问题最具体。坚持和完善统筹城乡的民生保障制度，是践行全心全意为人民服务根本宗旨的具体体现，是适应我国社会主要矛盾转化的必然选择，是实现“两个一百年”奋斗目标的重大任务。

一、健全收入分配制度

完善分配制度既有利于鼓励先进，促进效率，最大限度激发活力，又有利于防止两极分化，逐步实现共同富裕，使人民群众共享改革发展成果。

（一）完善初次分配制度

初次分配是按照各生产要素对国民收入贡献的大小进行的分配，主要由市场机制形成。一是要坚持多劳多得，着重保护劳动所得，增加劳动者特别是一线劳动者劳动报酬，提高劳动报酬在初次分配中的比重。健全有利于更充分更高质量就业的促进机制，扩大就业创业规模，提升劳动者获取收入能力。完善工资制度，健全企业、机关、事业单位工资决定和正常增长机制。促进中低收入职工工资合理增长，根据经济发展、物价变动等因素，适时调整最低工资标准。完善企业工资集体协商和行业性、区域性工资集体协商制度，解决一些行业企业职工工资过低的问题。建立健全符合事业单位特点、体现岗位绩效和分级分类管理的工资分配制度。二是要健全劳动、资本、土地、知识、技术、管理、数据等生产要素由市场评价贡献、按贡献决定报酬的机制。建立健全以实际贡献为评价标准的科技创新人才薪酬制度，鼓励企事业单位对紧缺急需的高层次、高技能人才实行协议工资、项目工资等。加强知识产权保护，完善有利于科技成果转移转化的分配政策，探索建立科技成果入股、岗位分红权激励等多种分配办法，保障技术成果在分配中的应得份额。完善高层次、高技能人才特殊津贴制度。多渠道增加居民财产性收入，拓宽居民租金、股息、红利等增收渠道。要强化以增加知识价值为导向的收入分配政策，充分尊重科研、技术、管理人才，建立健全数据权属、公开、共享、交易规则，更好实现知识、技术、管理、数据等要素的价值。

（二）健全再分配调节机制

再分配是在初次分配的基础上，对部分国民收入进行的重新分配，主要由政府调节机制起作用。要健全以税收、社会保障、转移支付等为主要手段的再分配调节机制，合理调节城乡、区域、不同群体间分配关系。一是要强化税收调节。改革个人所得税，完善财产税，推进结构性减税，减轻中低收入者和小型微型企业税费负担，形成有利于结构优化、社会公平的税收制度。加强个人所得税调节，完善高收入者个人所得税的征收、管理和处罚措施，将各项收入全部纳入征收范围，依法做到应收尽收。改革完善房地产税等。完善房产保有、交易等环节税收制度，加强存量房交易税收征管。扩大资源税征收范围，提高资源税税负水平。完善直接税制度并逐步提高其比重。二是完善覆盖城乡居民的社会保障体系。坚持应保尽保原则，健全统筹城乡、可持续的基本养老保险制度、基本医疗保险制度，稳步提高保障水平。统筹完善社会救助、社会福利、优抚安置等制度。健全退役军人工作体系和保障制度。坚持和完善促进男女平等、妇女全面发展的制度机制。加强对困难群体救助和帮扶，完善农村留守儿童和妇女、老年人关爱服务体系，健全残疾人帮扶制度。加快建立多主体供给、多渠道保障、租购并举的住房制度。三是完善转移支付制度。健全公共财政体系，调整财政支出结构，大力推进基本公共服务均等化。集中更多财力用于保障和改善民生。加大对教育、就业、社会保障、医疗卫生、保障性住房、扶贫开发等方面的支出，进一步加大对中西部地区特别是革命老区、民族地区、边疆地区和贫困地区的财力支持。加大促进教育公平力度。合理配置教育资源，重点向农村、边远、贫困、民族地区倾斜。

（三）发挥好第三次分配作用

第三次分配是在道德、文化、习惯等影响下，社会力量自愿通过民间捐赠、慈善事业、志愿行动等方式济困扶弱的行为，是对再分配的有益补充。随着我国经济发展和社会文明程度提高，全社会公益慈善意识日渐增强，要重视发挥第三次分配作用，发展慈善等社会公益事业。一是要完善培育发展机制。简化公益慈善组织的审批程序，鼓励有条件的企业、个人和社会组织举办医院、学校、养老服务以及扶贫济困等公益事业。同时，完善税收优惠政策，引导、鼓励企业和高收入人群开展大额捐赠，引导先富群体支持慈善事业，激发中等收入群体和普通人的小额捐赠和志愿服务的热情，扩大慈善事业的群众基础。落实慈善法规定的激励扶持政策，做强慈善组织、慈善信托、志愿服务组织、社工队伍、福利彩票和互联网募捐平台等主体力量。二是要完善监督管理机制。加强党和政府对慈善事业的领导和监管，完善慈善统计制度，健全慈善捐赠、慈善组织、慈善信托、互联网公开募捐平台监督管理机制，增强慈善事业的公开透明和公信力。同时，完善慈善组织内部治理结构，加强内部控制和审计，发挥行业组织的自我管理、自我监督能力，加强对慈善组织和慈善活动的评估监督，逐步形成政府监管、行业自律、慈善组织内部控制、社会舆论监督多方协同的监督机制。三是完善宣传倡导机制。要以增强社会公众的慈善意识为目标，弘扬中华民族守望相助、乐善好施的传统美德，充分利用中华慈善日、中华慈善奖等载体，加强宣传倡导，让社会爱心充分涌流，让慈善行为无处不在。

（四）规范收入分配秩序

构建良好的分配秩序，形成正确的激励导向，有助于全社会弘扬勤劳致富、艰苦奋斗精神，主动通过自身劳动和努力去创造美好生活。为此，必须鼓励勤劳致富，保护合法收入，扩大中等收入群体，清理规范隐性收入，取缔非法收入，将分配制度建立在法治的轨道之上。要遏制以权力、垄断和不正当竞争行为获取收入，将收入获取建立在公平竞争和要素贡献基础之上。一是要维护劳动者合法权益。强化工资支付保障机制，将拖欠工资问题突出的领域和容易发生拖欠的行业纳入重点监控范围，完善与企业信用等级挂钩的差别化工资保证金缴纳办法。落实清偿欠薪的工程总承包企业负责制、行政司法联动打击恶意欠薪制度、保障工资支付属地政府负责制度。完善劳动争议处理机制，加大劳动保障监察执法力度。二是扩大中等收入群体。中等收入群体持续扩大对形成强大国内市场、推动经济高质量发展、维护社会和谐稳定十分重要。扩大中等收入群体是一项长期任务，需要坚持以经济建设为中心，解决好发展质量效益、扩大人力资本、发挥企业家作用、支持中小微企业发展、建设技能型劳动者队伍等重大问题。三是要清理规范隐性收入和取缔非法收入。清理规范工资外收入，严格规范党政机关各种津贴补贴和奖金发放行为，加强事业单位创收管理，严格控制国有及国有控股企业高管人员职务消费。强化领导干部收入管理。严格执行各级领导干部如实报告收入、房产、投资、配偶子女从业等情况的规定，对隐报瞒报、弄虚作假等行为，严肃处理。严格规范领导干部离职、辞职或退（离）休后的个人从业行为。严格规范非税收入，进一步清理整顿各种行政事业性收费和政府性基金，建立健全政府非税收入收缴管理制度。打击和取缔非法收入。围绕土地出让、工程建设等重点领域，强化监督管理，堵住获取非法收入的漏洞。严厉打击走私贩私、偷税逃税、内幕交易、操纵股市等经济犯罪活动。严厉查处权钱交易、行贿受贿行为。深入治理商业贿赂。加强反洗钱工作和资本外逃监控。

二、完善覆盖全民的民生保障制度体系

顺应人民对美好生活的新期待，坚持尽力而为、量力而行，坚决兜牢民生底线，充分激发社会各方面的积极性，坚持和完善民生保障制度，不断促进社会公平正义。

（一）完善更充分更高质量的就业促进机制

就业是民生之本，是人民群众改善生活的基本前提和基本途径。实施就业优先政策。强化就业优先政策。千方百计稳定和扩大就业，坚持经济发展就业导向，扩大就业容量，提升就业质量，促进充分就业，保障劳动者待遇和权益。建立宏观政策联动机制，推动引导宏观政策支持就业，围绕稳定和促进就业综合发力，促进经济增长与扩大就业良性循环；建立就业影响评估机制，在产业转型升级、实施重大项目工程时，同步评估对就业的影响。健全公共就业服务制度，完善城乡均等的公共就业服务体系，提升公共就业服务水平。要健全终身职业技能培训制度，面向城乡全体劳动者，贯穿工作学习生涯，提供普惠性、均等化的终身职业技能培训。完善重点群体就业支持体系，加大对高校毕业生、贫困劳动者、去产能职工等群体就业帮扶力度；健全就业援助制度，对就业困难人员实行托底帮扶。扩大公益性岗位安置，帮扶残疾人、零就业家庭成员就业。建立促进创业带动就业、多渠道灵活就业机制，优化政策环境，降低创业成本，形成政府激励创业、社会支持创业、劳

动者勇于创业的格局。健全劳动关系协调机制，完善政府、工会、企业共同参与的协商协调机制，保障劳动者合法权益，构建和谐劳动关系。支持和规范发展新就业形态，健全就业需求调查和失业监测预警机制。

（二）完善服务全民终身学习的教育体系

全面贯彻党的教育方针，坚持立德树人，加强师德师风建设，培养德智体美劳全面发展的社会主义建设者和接班人。健全学校家庭社会协同育人机制，提升教师教书育人能力素质，增强学生文明素养、社会责任意识、实践本领，重视青少年身体素质和心理健康教育。坚持教育公益性原则，深化教育改革，促进教育公平，推动义务教育均衡发展和城乡一体化，完善普惠性学前教育和特殊教育、专门教育保障机制，鼓励高中阶段学校多样化发展。健全学前教育机制，扩大普惠性学前教育资源，健全特殊教育机制，健全普及高中阶段教育保障机制，促进普通高中多样化发展。完善职业技术教育、高等教育、继续教育统筹协调发展机制，加快一流大学和一流学科建设，优化创新型、复合型、应用型和技术技能型人才培养机制，打造符合国情的终身教育体系。加大人力资本投入，增强职业技术教育适应性，深化职普融通、产教融合、校企合作，探索中国特色学徒制，大力培养技术技能人才。提高高等教育质量，分类建设一流大学和一流学科，加快培养理工农医类专业紧缺人才。提高民族地区教育质量和水平，加大国家通用语言文字推广力度。发挥网络教育和人工智能优势，创新教育和学习方式，支持和规范民办教育、合作办学，加快发展面向每个人、适合每个人、更加开放灵活的教育体系，建设学习型社会。

（三）完善覆盖全民的社会保障体系

社会保障是民生安全网、社会稳定器，与人民幸福安康息息相关，关系国家长治久安。要把更多的群众纳入保障范围，健全保障项目，努力做到法定人员全覆盖。健全基本养老保险制度。实施全民参保计划，努力实现应保尽保，适当加强中央在养老保险方面的事权，建立养老保险基金中央调剂制度，在完善省级统筹的基础上加快建立基本养老保险全国统筹制度。建立健全科学合理的待遇调整机制，稳步提高保障水平。健全基本医疗保险制度，全面建成统一的城乡居民医保制度和大病保险制度，稳步提高医疗保障水平，深化支付方式改革，建立医保目录动态调整机制，推动药品招采制度和医疗服务价格改革。完善失业、工伤保险制度，维护失业人员和工伤人员的基本权益。加快建立全国统一的社会保险公共服务平台，加快落实社保转移接续、异地就医结算制度，推进社保卡更广泛应用。规范社保基金管理，堵塞制度漏洞，保持打击欺诈骗保的高压态势。构建多层次社会保障体系，加快发展职业（企业）年金，鼓励发展商业养老保险、补充医疗保险等，满足群众不同层次需求。统筹完善社会救助、社会福利、慈善事业、优抚安置等制度，健全退役军人工作体系和保障制度。坚持和完善促进男女平等、妇女全面发展的制度机制。完善农村留守儿童和妇女、老年人关爱服务体系，健全残疾人帮扶制度。加快建立多主体供给、多渠道保障、租购并举的住房制度，大力发展住房租赁市场，因地制宜发展共有产权住房，继续加快棚户区改造和公租房建设。

（四）完善国民健康保障制度

把保障人民健康放在优先发展的战略位置，坚持预防为主的方针，深入实施健康中国行动，完善国民健康促进政策，织牢国家公共卫生防护网，为人民提供全方位全周期健康服务。改革疾病预防控制体系，强化监测预警、风险评估、流行病学调查、检验检测、应急处置等职能。建立稳定的公共卫生事业投入机制，加强人才队伍建设，改善疾控基础条件，完善公共卫生服务项目，强化基层公共卫生体系。落实医疗机构公共卫生责任，创新医防协同机制。完善突发公共卫生事件监测预警处置机制，健全医疗救治、科技支撑、物资保障体系，提高应对突发公共卫生事件能力。坚持基本医疗卫生事业公益属性，深化医药卫生体制改革，加快优质医疗资源扩容和区域均衡布局，加快建设分级诊疗体系，加强公立医院建设和管理考核，推进国家组织药品和耗材集中采购使用改革，发展高端医疗设备。支持社会办医，推广远程医疗。坚持中西医并重，大力发展中医药事业。提升健康教育、慢病管理和残疾康复服务质量，重视精神卫生和心理健康。深入开展爱国卫生运动，促进全民养成文明健康生活方式。完善全民健身公共服务体系。加快发展健康产业。实施积极应对人口老龄化国家战略。制定人口长期发展战略，优化生育政策，增强生育政策包容性，提高优生优育服务水平，发展普惠托育服务体系，降低生育、养育、教育成本，促进人口长期均衡发展，提高人口素质。积极开发老龄人力资源，发展银发经济。推动养老事业和养老产业协同发展，健全基本养老服务体系，发展普惠型养老服务和互助性养老，支持家庭承担养老功能，培育养老新业态，构建居家社区机构相协调、医养康养相结合的养老服务体系，健全养老服务综合监管制度。

三、健全国家公共卫生应急管理体系

习近平总书记指出，确保人民群众生命安全和身体健康，是我们党治国理政的一项重大任务。[①] 人类社会发展到今天，传染病等重大疫情风险从未真正远去。完善重大疫情防控体制机制，健全国家公共卫生应急管理体系是保障公共卫生安全、维护人民健康的“防护网”“隔离墙”，必须织紧织密、筑牢筑实。

（一）完善公共卫生领域相关法律法规

依法治国是我国的基本国策，依法行政是政府的基本职能。完善重大疫情防控体制机制、健全国家公共卫生应急管理体系必须依法、规范、有序推进。要全面加强和完善公共卫生领域相关法律法规建设。认真修改完善《传染病防治法》《突发公共卫生事件应急条例》等法律法规，积极配合生物安全立法，抓紧制修订公共卫生管理相关部门规章，构建体系完备、相互衔接、运行高效的公共卫生法律体系。特别是生物安全问题已经成为全世界、全人类面临的重大生存和发展威胁之一，必须从保护人民健康、保障国家安全、维护国家长治久安的高度，把生物安全纳入国家安全体系。尽快推动出台生物安全法，加快构建国家生物

① 习近平：《全面提高依法防控依法治理能力 健全国家公共卫生应急管理体系》，《求是》2020 年第 5 期。

安全法律法规体系、制度保障体系。健全突发急性传染病大流行应对预案体系，提高预案的针对性、可操作性，完善应急物资储备与保障、生产生活生命线保障、科研攻关等关键点专项子预案。加强法律适用，用足用好现有法律武器，提升公共卫生和重大疫情防控法治化水平。加大执法力度，依法严厉打击各类违法犯罪行为。健全执法监督机制。普及传染病防治法律法规，提高全民知法、懂法、守法、护法、用法意识和公共卫生风险防控意识，引导公民积极履行疫情防控各项义务。

（二）完善疾病预防控制体系

预防是最经济最有效的健康策略。要坚决贯彻预防为主的卫生与健康工作方针，坚持常备不懈，将预防关口前移，避免小病酿成大疫。一是强化监测预警。紧紧围绕“早发现、早报告、早处置”的目标，强化各级疾控机构的信息收集、分析、利用能力，健全网络直报、舆情监测、医疗卫生人员报告、科研发现报告等多渠道疫情监测和快速反应体系，实现重大疫情风险监测预警信息数据共享，完善公共卫生重大风险研判、评估、决策、防控协同机制，提高重大公共卫生风险发现、报告、预警、响应、处置能力。二是完善功能定位。加强疾控机构实验室能力建设，切实发挥国家和省级实验室检验“一锤定音”的重要作用。强化市县级疾病预防控制机构相关工作的技术指导、人员培训、质量控制和督导评价、绩效考核等职能。从优化资源配置、实现集约化运作出发，支持市级整合辖区实验室资源、建成区域公共卫生中心实验室；允许省、有条件的市适当放开面向社会提供公共卫生技术服务，县级层面创新医防协同机制。三是加强人才队伍建设。健全完善公共卫生培养、准入、使用、待遇保障、考核评价和激励机制等方面的政策，建立保障与激励相结合的运行新机制，落实“两个允许”，适当提高疾控人员待遇。

（三）完善重大疫情救治体系

一是加强公共卫生医疗体系建设。完善公共卫生医疗服务资源区域布局，建立传染病救治国家和区域医疗中心，完善从国家到省、市、县的一体化医疗服务体系。加大对传染病医院的投入，改善诊疗条件，加强综合能力建设，提高疑难重症传染病疾病的诊疗能力。加强人才队伍和学科建设，完善综合医院感染性疾病科建设，提高诊疗能力，提高传染病相关医务人员待遇。加强院前急救体系建设，完善网络布局，完善急救车辆配备。健全科学研究、疾病控制、临床治疗的有效协同机制。二是持续加强分级诊疗等制度建设。加快推进城市医疗集团和县域医共体网格化布局建设，推动医联体内落实“总额付费、结余留用、合理超支分担”的政策，引导医联体内形成顺畅的转诊机制，推动公共卫生服务与医疗服务高效协同、无缝衔接，建立健全分级、分层、分流的传染病等重大疫情救治机制。三是完善基层医疗卫生机构运行机制。健全基层医疗卫生服务体系特别是公共卫生服务体系建设。加强基础设施建设和物资配备，加强基层医疗卫生队伍建设，满足重大疫情防控要求。促进基层医疗卫生机构逐步建立“公益一类保障与公益二类激励相结合”的运行新机制，在提供基本医疗服务方面发挥更大作用。

（四）完善重大疾病医疗保险和救助制度

在重大疫情应急响应机制启动等紧急情况发生时，医保经办机构提前预拨部分医保基金，确保医疗机构先救治、后收费；完善医保异地即时结算制度，确保患者不因费用问题影响就医。探索建立特殊群体、特定疾病医药费豁免制度，有针对性免除医保支付目录、支付限额、用药量等限制性条款。探索建立疫情患者医疗费用财政兜底保障。健全重大疫情医疗救治医保支付政策，提高对基层医疗机构的支付比例。完善社会捐赠制度，健全完善捐赠物资分配审核流程，做好物资分配和信息公开。

（五）完善重大疫情应急物资保障制度

推动完善国家卫生应急物资专项储备制度，健全国家储备体系，科学调整物资储备的品类、规模、结构，提升储备能力。建立国家统一的应急物资生产供应体系，优化重要应急物资产能保障和区域布局。对短期可能出现的物资供应短缺，建立集中生产调度机制，统一组织原材料供应、安排定点生产、规范质量标准。在实物储备的基础上，增加技术储备和生产能力储备。健全国家应急物资收储制度，最大限度调动生产企业积极性。完善跨部门跨地区联防联控物资供应工作机制，建立从原料供应、生产、流通、储备、使用等全链条的信息动态监测系统。

第五章

十四五

未来十五年中国经济发展图景

党的十九大对实现第二个百年奋斗目标作出分两个阶段推进的战略安排，即到 2035 年基本实现社会主义现代化，到本世纪中叶把我国建成富强民主文明和谐美丽的社会主义现代化强国。综合考虑未来十五年国内外发展形势及我国发展阶段、发展趋势和发展条件，我们有希望、有潜力保持长期平稳发展，到 2035 年基本实现社会主义现代化的战略目标。

第一节

中国社会主义现代化战略的历史演进

如何建成社会主义现代化强国始终是中国共产党人所追求的核心目标和基本选择。这的确涉及一系列基本问题：中国能否实现社会主义现代化？实现什么样的现代化？何时实现社会主义现代化？对此，几代领导人做了长期的探索、实践和创新。我国社会主义现代化战略经历了从“四个现代化”战略（1964—2000）、到“三步走”战略（1980—2050）、到新时期的“两个一百年”战略（2000—2050）三个历史阶段，显示了中国共产党人的开创性、继承性、连续性。这些战略构想和伟大成就不仅充分体现在历次党的全国代表大会报告中，而且也具体体现和落实在历次五年计划或规划之中，成为不同时期引领中国巨轮驶向社会主义现代化及伟大复兴战略目标的航海图和施工图。

一、“四个现代化”战略的提出与实施

中国领导人对中国社会主义现代化战略的考虑和设计，对中国社会主义现代化道路的影响至关重要。这条道路没有现成模式，他们也是不

断实践、不断认识、不断探索、不断创新、不断深化，进而走出了一条具有中国特色的社会主义现代化之路。

新中国成立以后，毛泽东等领导人开始探索社会主义工业化和现代化道路，主要以经济现代化为核心，逐步形成了从“国家工业化”强国到“四个现代化”强国的战略设想。

1953 年毛泽东提出，要在一个相当长的时期内逐步实现国家的社会主义工业化，并逐步实现国家对农业、手工业和资本主义工商业的社会主义改造。根据以上战略设想，中国在苏联的帮助下制定和成功实施了第一个五年计划。

1956 年党的八大提出了“四个现代化”，即“有计划地发展国民经济，尽可能迅速地实现国家工业化，有系统、有步骤地进行国民经济的技术改造，使中国具有强大的现代化工业、现代化农业、现代化交通运输业和现代化国防”。

1964 年第三届全国人大第一次会议进一步提出了实现“四个现代化”强国目标及“两步走”战略设想：今后发展国民经济的主要任务，总的说来，就是要在不太长的历史时期内把我国建设成为一个具有现代农业、现代工业、现代国防和现代科学技术的社会主义强国，赶上和超过世界先进水平。为了实现这个伟大的历史任务，可以按两步来考虑：第一步，建立一个独立的比较完整的工业体系和国民经济体系；第二步，全面实现农业、工业、国防和科学技术的现代化，使我国经济走在世界的前列。

至此，实现四个现代化社会主义强国正式成为中国社会主义现代化建设的奋斗目标。1975 年第四届全国人大第一次会议再次重申了全面实现“四个现代化”战略目标，使我国国民经济走在世界的前列，并按“两步走”战略设想部署，在1980年以前建成一个比较独立的比较完整的工业体系和国民经济体系。1977年，党的十一大党章明确提出“在本世纪末，党要领导全国各族人民把我国建设成为农业、工业、国防和科学技术现代化的社会主义强国”的奋斗目标。

二、“三步走”战略的提出与实施

改革开放之后，面对新的历史任务和国内外环境，党对中国社会主义现代化战略目标的认识从封闭性到开放性，从口号性到务实性，从浅层认识到深化认识，明确提出了中国特色社会主义现代化的构想。特别是邓小平务实性地调整了原定在2000年全面实现四个现代化的强国目标，将其推迟到2050年。他针对当时极端贫穷、极端落后的基本国情，即人口多、耕地少、底子薄，人均国民生产总值仍居世界后列，10亿多人口8亿在农村，基本上还是用手工工具搞饭吃等突出景象，先是提出“两步走”战略设想，后是提出“三步走”战略设想。1987年，党的十三大作出了社会主义初级阶段的基本判断，提出了我国经济建设的战略部署，大体分“三步走”：第一步，到1990年实现国民生产总值比1980年翻一番，解决人民的温饱问题；第二步，到20世纪末国民生产总值再增长一倍，人民生活达到小康水平；第三步，到21世纪中叶，人均国民生产总值达到中等发达国家水平，人民过上比较富裕的生活，基本实现现代化。然后，在这个基础上继续前进。

经过全党全国人民的积极探索和艰苦努力，到1995年，中国国民生产总值提前5年实现了翻两番。1997年，中国人均国民生产总值又提前3年实现了翻两番。可以说，总体小康提前实现。世纪之交，党中央前瞻性地对21世纪前20年中国发展阶段和内外部条件做出基本判断，提出了“两个百年目标”。1997年，党的十五大提出，到建党100年时，使国民经济更加发展，各项制度更加完善；到本世纪中叶新中国成立100年时，基本实现现代化，建成富强民主文明的社会主义国家。2000年10月，党的十五届五中全会提出，我国已经实现了现代化建设前两步走战略目标，经济和社会全面发展，人民生活总体上达到小康水平。

三、“两个百年”战略的提出与实施

2002年11月，党的十六大报告在胜利实现了现代化建设“三步走”战略的第一步、第二步目标，人民生活总体上达到小康水平的基础上，第一次设计了第一个百年目标，即全面建设惠及十几亿人口的更高水平的小康社会，还提出了2020年的具体目标，包括经济建设目标、政治民主建设目标、社会文化教育科技目标、可持续发展目标等。为此，制定了国家“十一五”规划纲要。

2007年，党的十七大第二次设计了第一个百年目标，提出了全面建设小康社会新的更高要求，使我国到2020年“成为工业化基本实现、综合国力显著增强、国内市场总体规模位居世界前列的国家，成为人民富裕程度普遍提高、生活质量明显改善、生态环境良好的国家，成为人民享有更加充分民主权利、具有更高文明素质和精神追求的国家，成为各方面制度更加完善、社会更加充满活力而又安定团结的国家，成为对外更加开放、更加具有亲和力、为人类文明作出更大贡献的国家”。为此，制定了国家“十二五”规划纲要。

2012 年，党的十八大报告将 21 世纪上半叶的社会主义现代化总任务正式概括为：在中国共产党成立一百年时，全面建成小康社会，在新中国成立一百年时，建立富强民主文明和谐的社会主义现代化国家。第三次设计全面建成小康社会的目标，包括经济建设、政治建设、文化建设、社会建设、生态环境建设的具体目标。根据党的十八届五中全会精神，围绕社会主义“五位一体”的总体布局和“四个全面”战略布局，制定了“十三五”规划，这是实现全面建成小康社会的规划，也是实现第一个百年目标决胜阶段的关键规划。

随着全面建成小康社会进入最后决胜阶段，2017 年 10 月，党的十九大报告郑重提出：从现在到 2020 年，是全面建成小康社会决胜期。习近平总书记指出：“这个时跨本世纪头 20 年的奋斗历程到了需要一鼓作气向终点线冲刺的历史时刻。”[①] 决胜全面建设小康社会，为实现第一个百年奋斗目标收好官，是党的十九大后全党承担的首要重大历史任务。

决胜全面建成小康社会三年来，按照党的十六大、十七大、十八大提出的全面建成小康社会各项要求，紧扣我国社会主要矛盾变化，统筹推进经济建设、政治建设、文化建设、社会建设、生态文明建设，坚定实施科教兴国战略、人才强国战略、创新驱动发展战略、乡村振兴战略、区域协调发展战略、可持续发展战略、军民融合发展战略，突出抓

① 《习近平谈治国理政》第 2 卷，外文出版社 2017 年版，第 72 页。

重点、补短板、强弱项，特别是要坚决打好防范化解重大风险、精准脱贫、污染防治的攻坚战，决胜全面建成小康社会取得决定性成就。全面深化改革取得重大突破，全面依法治国取得重大进展，全面从严治党取得重大成果，国家治理体系和治理能力现代化加快推进，中国共产党领导和我国社会主义制度优势进一步彰显；经济实力、科技实力、综合国力跃上新的大台阶，经济运行总体平稳，经济结构持续优化，预计2020年国内生产总值突破100万亿元；脱贫攻坚成果举世瞩目，5575万农村贫困人口实现脱贫；粮食年产量连续五年稳定在13000亿斤以上；污染防治力度加大，生态环境明显改善；对外开放持续扩大，共建“一带一路”成果丰硕；人民生活水平显著提高，高等教育进入普及化阶段，城镇新增就业超过6000万人，建成世界上规模最大的社会保障体系，基本医疗保险覆盖超过13亿人，基本养老保险覆盖近10亿人，新冠肺炎疫情防控取得重大战略成果；文化事业和文化产业繁荣发展；国防和军队建设水平大幅提升，军队组织形态实现重大变革；国家安全全面加强，社会保持和谐稳定。“十三五”规划目标任务即将完成，全面建成小康社会胜利在望，中华民族伟大复兴向前迈出了新的一大步，社会主义中国以更加雄伟的身姿屹立于世界东方。

随着全面建成小康社会的如期完成，2021年开始，我国将乘势而上，开启全面建设社会主义现代化国家新征程、向第二个百年奋斗目标进军。综合分析国际国内形势和我国发展条件，党的十九大提出全面建成小康社会后分两个阶段实现社会主义现代化的新两步走战略。第一个阶段，从2020年到2035年，在全面建成小康社会的基础上，再奋斗十五年，基本实现社会主义现代化。第二个阶段，从2035年到本世纪中叶，在基本实现现代化的基础上，再奋斗十五年，把我国建成富强民主文明和谐美丽的社会主义现代化强国。

2020 年 10 月，党的十九届五中全会对 2035 年基本实现社会主义现代化远景目标进行了展望：我国经济实力、科技实力、综合国力将大幅跃升，经济总量和城乡居民人均收入将再迈上新的大台阶，关键核心技术实现重大突破，进入创新型国家前列；基本实现新型工业化、信息化、城镇化、农业现代化，建成现代化经济体系；基本实现国家治理体系和治理能力现代化，人民平等参与、平等发展权利得到充分保障，基本建成法治国家、法治政府、法治社会；建成文化强国、教育强国、人才强国、体育强国、健康中国，国民素质和社会文明程度达到新高度，国家文化软实力显著增强；广泛形成绿色生产生活方式，碳排放达峰后稳中有降，生态环境根本好转，美丽中国建设目标基本实现；形成对外开放新格局，参与国际经济合作和竞争新优势明显增强；人均国内生产总值达到中等发达国家水平，中等收入群体显著扩大，基本公共服务实现均等化，城乡区域发展差距和居民生活水平差距显著缩小；平安中国建设达到更高水平，基本实现国防和军队现代化；人民生活更加美好，人的全面发展、全体人民共同富裕取得更为明显的实质性进展。

在 2035 年基本实现社会主义现代化的基础上，再经过 15 年的奋斗，到本世纪中叶，我国将全面实现社会主义现代化。到那时，我国物质文明、政治文明、精神文明、社会文明、生态文明将全面提升，实现国家治理体系和治理能力现代化，成为综合国力和国际影响力领先的国家，全体人民共同富裕基本实现，我国人民将享有更加幸福安康的生活，中华民族将以更加昂扬的姿态屹立于世界民族之林。

第二节

经济稳中向好、长期向好的基本趋势没有改变

经过努力，中国经济已由高速增长阶段转向高质量发展阶段，正处在转变发展方式、优化经济结构、转换增长动力的攻关期。2019 年，在世界经济增长持续放缓的背景下，中国经济增长 6.1%，在主要经济体中继续位居前列。2020 年，虽然受到国内外突发新冠肺炎疫情的影响，但随着国内疫情防控取得决定性胜利，我国经济发展迅速恢复。中国经济稳中向好、长期向好的基本趋势没有改变。

一、科研科技基础优势雄厚

新中国成立 70 多年特别是改革开放以来，在中国共产党的正确领导下，实现了从过去的跟跑，逐步向并跑领跑的历史性跨越，科技实力伴随着中国经济发展同步壮大，从 2012 年到 2018 年，科技进步对经济增长的贡献率从 40%提升到 59.5%。从我国科学技术事业发展历程和整体布局看，目前已经具备完整的科技框架体系、科研科技基础条件、

高质量科技产出、高技术产业主体四个方面的基础优势，极大缩小与发达国家的技术差距。雄厚的科研科技基础优势，为中国经济稳中向好、长期向好提供可靠的动力条件。

——科技框架体系优势：已经形成了比较完整的现代科学技术体系和创新体系。

当前，我国已经形成支撑科技快速发展的框架体系，也即“四梁八柱”。新中国成立之初就成立了中国科学院，推进中国科学技术的发展迈出第一步。1956 年，新中国历史上首次召开全国科技大会，拟定了多项当时发展急需的重大科技任务。1978 年 3 月，党中央召开了全国科学大会，标志着“科学的春天”的到来，邓小平阐述了“科学技术是生产力”的著名论断，这次大会是我国科学技术事业的一次历史性转折。进入 20 世纪八九十年代以来，国家又相继研究制定了《1991—2000 年科学技术发展十年规划和“八五”计划纲要》等，2006 年发布了《国家中长期科学和技术发展规划纲要（2006—2020)》，这一系列科技发展规划的制定和实施，成为改革开放后直接推动我国科技事业快速发展的重要引擎。

党的十八大以来，以习近平同志为核心的党中央高度重视新时期科技工作的开展，科技创新在国家发展全局中的战略地位和作用显著提升。在 2016 年全国科技大会上，习近平总书记向全国发出建设科技强国的号召。党中央、国务院颁布实施《国家创新驱动发展战略纲要》，确立了科技创新“三步走”的战略目标，明确了“坚持双轮驱动、构建一个体系、推进六大转变”的战略布局。从现阶段看，我国已成为世界上为数不多的学科建设较为全面、自成体系的国家之一。在基础研究、前沿技术研究、应用开发及产业化等方面，形成了包括国家科研机构、高等院校、地方科研机构和各类企业机构在内的、多层次的科技力量布局和框架体系。2019年，我国基础研究经费为1336亿元，1996—2019年年均增长19.6%。正在运行的国家重点实验室515个，累计建设国家工程研究中心133个，国家工程实验室217个。同时，国家创新体系建设不断完善，全国各类市场主体已达1.2亿户，各类企业作为科技创新投入和产业化活动的主体扮演着越来越重要的角色，已累计认定国家级企业（集团）技术中心1540家。区域创新梯次联动，国家高新技术产业开发区是区域创新发展的主阵地，在转变发展方式、优化产业结构、增强国际竞争力等方面发挥了重要作用，高新区数量已由1990年的27个发展到2019年的169个。近年来，高科技优势进一步彰显，我国在载人航天、探月工程、量子科学、深海探测等诸多领域取得重大成果。

可以说，经过70多年的“弯道赶超”迅速缩小了同发达国家的技术差距，已经形成了科研院所、高校、企业和科技中介机构等各具优势和特色的科技框架体系和创新体系，有能力有条件为中国经济中长期增长提供重要的技术支撑。

——科研基础条件优势：已有宏大的科研队伍和高强度的科研投入。

一方面我国科技人才队伍不断壮大、结构不断高级化。从1949年至1978年，全国科研机构已经从新中国成立伊始的30多个增加到1700多个，专门从事科学研究的人员从不足500人增加到12万人，科研队伍不断发展壮大。改革开放后，尤其是党的十八大以来，中国从多方面采取措施引进高科技产业企业，汇集科技人才，组建科技创新联盟，不断加强高端科技人才队伍建设，突出高精尖导向，加强战略性科技人才、科技领军人才、高水平创新团队和年轻科技人才的选拔和培养，造就了一支具有相当规模的、高素质的科技人才队伍，形成了雄厚的科研力量和丰厚的人才储备。2018 年，按折合全时工作量计算的全国研发人员总量为 419 万人，是 1991 年的 6.2 倍。我国研发人员总量在 2013 年超过美国，已连续 7 年稳居世界第一位，也出现了一批屠呦呦、王贻芳、袁隆平等在世界医学、物理学和生物学领域拥有突出贡献的专家学者。近年来，中央政府高度重视加快提升人力资本积累水平和劳动力素质，加强人口战略研究，加强创新型实用型人才培养和高级技能人才培养。2019 年全年研究生教育招生 91.7 万人，在校研究生 286.4 万人，毕业生 64.0 万人。中国每年有约 800 万大学毕业生，博士学位授予规模已为全球最大，高素质劳动力将为中长期经济增长注入源源不断的智力动力。

另一方面，研发经费规模和投入强度持续提升。改革开放后，我国研发投入占 GDP 的比重从 2006 年的 1.39％提高到 2012 年的 1.97％。党的十八大以来，随着经济实力跃升和创新驱动发展战略全面实施，我国研发经费投入持续快速增长。2019 年全社会研究与试验发展经费支出达 21737 亿元，是 1991 年的 152 倍，1992—2019 年年均增长 20％；截至 2019 年底，国家科技成果转化引导基金累计设立 21 只子基金，资金总规模达到 313 亿元。研发投入占 GDP 的比重 2019 年提升至 2.19％，超过欧盟 15 国平均水平。按汇率折算，我国已成为仅次于美国的世界第二大研发经费投入国家，为科技事业发展提供了强大的经费保证。整体看，新中国成立 70 多年来，我国科研人员队伍持续优化壮大，高强度大规模研发投入的持续跟进，对中国经济中长期高质量发展、产业结构优化、新旧动能转换的支撑作用进一步彰显。

——科研科技产出优势：高端科研成果产出量和重大工程科技创新突破量已达到国际领先水平。

目前，我国整体科技发展水平处于发展中国家前列，一些科研领域已经达到国际先进水平。新中国成立之初，我国的科研产出水平相当落后，随着技术进步方式由技术引进、模仿创新、自主创新向创新驱动发展的加速转型，科研成果产出量和重大工程科技难关突破方面均取得巨大进步。从 1964 年至 1970 年，我国空间技术和国防尖端技术取得重大突破，“两弹一星”事业的巨大成就，标志着中国空间科学技术发展进入新的阶段。1978 年以来，中国的科学技术事业步入快速发展轨道，从科技重大计划实施和成果看：国家相继出台了一系列如国家高技术研究发展（863）计划、国家重点基础研究发展（973）计划、推动高技术产业化的火炬计划等，催生了中国第一台运算速度每秒亿次的巨型计算机、每秒运算 130 亿次的银河—Ⅲ巨型计算机等一批重大工程科技成果。

党的十八大以来，我国的科研科技产出“量”和“质”明显提升。一方面科研产出成果大幅提升。从数量层面看：专利发明量大幅提升，20 世纪八九十年代以来，中国的专利数量呈指数型增长，并于 2011 年超越美国和日本成为全球专利申请第一大国。2019 年，我国专利申请数和授权数分别为 432.3 万件和 244.8 万件，是 1991 年的 87 倍和 104 倍。2019 年，国外三大检索工具分别收录我国科研论文 41.8 万篇、

26.6 万篇和 5.9 万篇，数量分别位居世界第二位、第一位和第二位。从质量层面看：专利质量也得到同步提升。以最能体现创新水平的发明专利为例，2019 年，有效专利达 972.2 万件，其中境内有效发明专利达 186.2 万件，每万人口发明专利拥有量为 13.3 件。此外，根据基本科学指标数据库（ESI）论文被引用情况，2018 年我国科学论文被引用次数排名世界第二位。以上产出数据形成了科研产出量质齐升的有力佐证。另一方面，突破一批批重大工程科技难关。进入新世纪以来，我国科技发展再次提速，一批重大科技攻关成果问世。尤其是党的十八大以来，在国家科技重大专项和国家高技术研究发展（863）计划等的支持下，我国高技术领域硕果频传。诸如神舟飞船与天宫空间实验室在太空交会翱翔；北斗导航卫星实现全球组网；蛟龙号载人潜水器、海斗号无人潜水器创造最大深潜纪录，其国际影响力大幅度提升。在 2019 年全国科技大会上王志刚部长强调，2018 年基础前沿和战略高技术领域重大创新成果竞相涌现，首次在半导体量子点体系中实现三量子比特逻辑门、“嫦娥四号”探测器首次成功登陆月球背面、国产大型水陆两栖飞机水上首飞等。据此，可以看出中国科研科技产出的高质量优势明显，有基础有能力支撑中国经济中长期的高质量发展。

——科技产业主体发展优势：一批高新技术产业和新动能蓬勃发展。

改革开放以来，我国采取了一系列重大政策与措施加速科技体制改革，推动科技产业主体在技术创新中的主导地位不断加强，高技术产业和新动能发展态势良好，韧劲十足。

一方面高新技术企业快速发展、成效显著。目前中国高新技术产业开发区得到了超常规的发展，一大批充满活力的高新技术企业迅速成长，最大限度地释放全社会创新创业创造动能。从产值规模看：2018年高技术制造业、战略性新兴产业增加值分别比上年增长 11.7%、8.9%，增速分别比规模以上工业快 5.5、2.7 个百分点。2018 年高技术制造业增加值占规模以上工业增加值的比重为 13.9%，比 1995 年提高了 6.9 个百分点。全国 168 个高新区实现营业收入达 33 万亿元，出口总额达 3.3 万亿元，净利润达 2 万亿元，实际上缴税费达 1.7 万亿元。从数量结构看：2018 年高新技术企业达到 18.1 万家，科技型中小企业突破 13 万家，园区新注册企业超过 40 万家。综合来看，高技术制造业呈现出持续向好的发展态势，已经成为带动中国工业经济转型升级的中坚力量。

另一方面，新经济发展快速崛起。党的十八大以来，随着“互联网+”深入开展，基于移动互联、物联网的新产品、新业态、新模式蓬勃发展，成为我国改造提升传统产业、培育经济发展新动能的有力支撑。目前，大数据、云计算等信息技术应用不断深化，以 5G、人工智能等为代表的新一代信息技术走向实用，催生出一大批大数据企业、独角兽企业、瞪羚企业，驱动数字经济、共享经济、平台经济、网络经济快速发展。当前，中国数字经济总量达到 31 万亿元，已经处于全球前列。国家发改委主任何立峰（2019）指出：新产业、新业态、新模式发展是一个增长非常快的市场，2015 年到 2017 年的统计数据表明，经济发展新动能指数年均增幅达到 28%，“三新”经济增加值占 GDP 的比重已经达到了 15.7%。与国际比较，截至 2018 年底，中美新经济独角兽企业分别占全球比重的 28%和 48%。未来信息服务业与人工智能、

AR、VR 技术结合仍将释放巨大的增长潜力，持续为中国经济发展提供重要动能。据此可见，在当前旧动能增长放缓的情况下，新动能不断地涌现，特别是新一轮科技革命的产业化、市场化，很大程度上顶住了经济下行压力，支撑了未来我国经济的中高速增长。

二、经济结构在不断优化平衡中加快迈向中高端

新中国成立 70 多年来，中国经济结构改革之路一直充满了复杂性和艰巨性，进展缓慢。进入新世纪以来，尤其是党的十八大以后，中国经济结构改革进程不断加快，各个方面在不断调整中趋于优化平衡。2015 年，习近平总书记提出“在适度扩大总需求的同时，着力加强供给侧结构性改革”重要论断以来，强调用改革的方法推进结构调整。从发展阶段看，经济结构在不断优化平衡中加快迈向中高端，为中国经济稳中向好、长期向好提供有效的结构支撑。

一是产业结构加快向中高端迈进。新中国成立之初，我国产业基础十分薄弱。1952 年，工业和服务业发展刚刚起步，农业增加值占 GDP 比重为 50.5%，农业吸纳了 83.5%的就业人口。1978 年至 2005 年，第一产业在 GDP 中的比重呈现持续下降的态势；第二产业的比重经历了不断波动的过程，但长期稳定保持在 40%～50%，产业结构逐步由农业为主向三次产业协同发展的转变。党的十八大以来，党中央坚持以供给侧结构性改革为主线，加快推进经济结构战略性调整和产业转型升级，三次产业发展协调性进一步增强。与新中国成立之初比，2019 年，第一、二、三产业增加值比重分别为 7.1%、39.0%、53.9%，第三产

业增加值比重比 1952 年上升 23.5 个百分点。此外，从《中国制造 2025》实施以来，制造业和科技创新的全面融合，与现代服务业的深度融合，推动工业结构向中高端迈进，产业结构逐步迈向合理化、高级化。目前，中国是世界上唯一拥有联合国产业分类目录中所有工业门类的国家。

二是收入分配结构持续优化。长期以来，无论是以基尼系数还是城乡居民收入之比来衡量，我国收入差距一直处于高位。但是，2008 年以来出现转折，基尼系数从 0.491 持续下降为 2019 年的 0.465；党的十八大以来，随着中央收入分配制度不断完善、脱贫攻坚战的推进、乡村振兴战略的实施等一系列政策效应积极释放，农村居民人均可支配收入实际增速连续多年快于城镇居民，城乡居民人均可支配收入之比 2019 年已下降至 2.64，收入分配结构持续优化的态势明显。

三是区域经济结构不断趋于平衡。随着新型城镇化进程的加快，以及区域协调发展战略的大力实施，区域经济发展差距明显缩小，区域整体结构在不断优化中趋于平衡。尤其是党的十八大以来，京津冀协同发展、长江经济带、粤港澳大湾区、长三角一体化等一系列重大区域发展战略扎实推进，新的经济增长极加快形成。2018 年全国人均地区生产总值最高地区与最低地区的比值为 4.5，而 1952 年为 8.1，2000 年为 10.8。2018 年，中部、西部地区生产总值占全国的比重分别为 22.1%和 20.7%，分别比 2000 年提高 2.9 个和 3.3 个百分点。从中长期来看，国内城镇化发展空间依然巨大。目前，中国 60.6%的城镇化率稍高于 54.83%的世界平均水平，但明显低于高收入经济体的 81.53%和中高收入经济体的 65.45%，中国城镇化还有约 20 个百分点的空间。

四是需求消费结构不断升级。随着居民收入较快增长，消费能力显著提升，消费结构升级趋势明显。2019 年，全国居民人均消费支出为 19853 元，比 1978 年实际增长 20.9 倍；服务性消费占比为 45.9%，比 2017 年提高 3.3 个百分点，消费结构持续改善。从最终需求看，2019 年最终消费支出、资本形成总额和净出口对 GDP 增长的贡献率分别为 57.8%、31.2%和 11.0%，最终消费连续七年成为经济增长的第一拉动力。另外，中国 14 亿人口和 4 亿中等收入群体的庞大市场和规模效应，消费拉动经济增长的作用将进一步增强。

三、制度优势显著

改革开放以来，我国始终坚持公有制为主体、多种所有制经济共同发展和按劳分配为主体、多种分配方式并存，把社会主义制度和市场经济有机结合起来，创造性地确立起充分发挥市场决定性作用的社会主义市场经济体制，形成了比较完善的社会主义基本经济制度，这是不断解放和发展社会生产力的显著优势，也必将为中国经济稳中向好、长期向好提供坚实的体制和制度保证。

纵观世界经济发展历程，可以发现市场经济是人类社会迄今所能发现的唯一能带来快速经济增长的资源配置方式。1978 年以来，中国经济 40 年的高速增长首先是得益于“市场化改革”红利，没有坚定不移的市场化改革，就没有中国过去经济高速增长的历史奇迹①。从经济体

① 韦森：《从世界历史的大背景下看未来中国经济的增长前景》，《经济资料译丛》2015 年第 1 期。

制的发展历程看，1956年前是新民主主义向社会主义过渡时期，社会主义制度基本确立，对各种经济成分形式进行社会主义改造，整个国民经济的逐步恢复。1956年至1966年，党的八大顺利召开，是全面建设社会主义时期，并明确我国当前重要任务是集中力量发展社会生产力。从1978年到1992年，中国经济体制改革依次经历了计划经济为主市场调节为辅的阶段、有计划的商品经济阶段、正式建立社会主义市场经济体制阶段，这段时期是中国对市场经济体制建设的有益探索阶段。这一阶段市场主体活力逐步释放，整个国民经济发展后劲十足；从1993年至2012年是社会主义市场经济体制持续完善的阶段，党的十六大提出在更大程度上发挥市场在资源配置中的基础性作用，市场化改革持续向纵深推进[①]。党的十八届三中全会提出，使市场在资源配置中起决定性作用和更好发挥政府作用，实现了从基础性作用到决定性作用的转变，进一步凸显了我国市场经济的主体地位。党的十九大强调，中国经济已由高速增长阶段转向高质量发展阶段。综上，正是凭借市场经济主体地位的逐步形成、市场决定性作用的凸显和经济体制改革持续释放的微观活力，推动经济保持中高速增长。从新中国成立70多年的发展历程来看，国内生产总值年均增长8.1%，经济总量占世界的16%。中国实现了经济的超预期发展并蓄积了中长期增长的"制度效能"，主要归结于始终坚持市场化的改革方向不动摇，市场作为资源配置手段的地位和作用不断提升，推动资源配置效益最大化和效率最优化，极大增强了经济增长的内生动力，也适应了新常态发展阶段的大逻辑，形成了日趋完善

① 张占斌、孙飞：《改革开放40年：中国"放管服"改革的理论逻辑与实践探索》，《中国行政管理》2019年第8期。

的社会主义市场经济体制，为中国经济中长期增长提供了坚实的体制保证。

在完善社会主义市场经济体制和基本经济制度中，中国毫不动摇巩固和发展公有制经济，毫不动摇鼓励、支持、引导非公有制经济发展，促进国企和民企发展的规模效益持续提升，形成“双轮”驱动中国经济中长期增长的重要引擎。从国有经济成长历程看，新中国成立之初，1956 年发动的“公私合营”运动一举奠定了国有企业在中国经济中的绝对支配作用，但是国民经济一直在曲折中前进。改革开放以后，1984 年推动计划经济下的国营企业向市场经济下的国有企业转化，依次经过转换经营机制、推行股份制改革、建立现代企业制度、发展混合所有制等艰辛的探索历程，逐步形成了有效制衡的公司法人治理结构和灵活高效的市场化经营机制，创造性地实现了国有企业同市场经济的深度融合。可以说，近 70 多年来的改革成效显著，2019 年 1—12 月，国有企业的盈利能力和偿债能力比上年同期均有所提升。据此可见，国有企业运营的质量和效益显著提高，企业创新能力和市场竞争力不断增强，一批国有大型企业已跻身于世界一流或知名企业行列。从民营经济发展历程看，1978 年至 2012 年，我国的民营经济经历了从不允许存在到允许发展，从社会主义市场经济的“有益补充”到“重要组成部分”漫长而曲折的过程，逐步成长壮大。2012 年民营企业 500 强入围门槛达到 77.72 亿元，民营企业 500 强纳税总额达到 4334.78 亿元；党的十八大以来，习近平总书记多次反复强调民营经济的重要地位和作用。党和政府始终坚持把鼓励、支持、引导非公有制经济发展的各项政策落地、落细、落实，持续优化营商环境，为发展创造了新动能、新机遇、新空间。据最新的全国经济普查数据显示，我国民营企业的数量占全国企业总量的99.3%，民营经济占GDP总量的66%，税收贡献率71%，社会就业人口占近90%等。可以说，改革开放后，中国民营经济实现了从小到大、由弱变强的华丽转变，在稳增长、促创新、增就业、惠民生方面发挥了重要作用，在未来中国经济中长期增长中其历史地位和作用不容置疑。当前，一方面进一步加快推进国有企业分类改革和混合所有制改革，真正实现国有资本“有进有退，有所为有所不为”；另一方面加大促进非公有制经济发展的“政策倾斜”，增强民营企业家的“精气神”[①]。国企民企协同驱动的中长期经济发展的动力引擎已经形成。

① 韩保江：《论中国特色社会主义的“所有制生态”》，《理论探索》2019年第4期。

第三节

基本实现社会主义现代化面临的挑战和难题

在基本实现社会主义现代化进程中，我国发展仍然处于重要战略机遇期，机遇和挑战并存。我们既要看到基本实现社会主义现代化的有利因素，抓住战略机遇，又要深刻认识错综复杂的国际环境和我国新发展阶段带来的新矛盾新挑战，增强机遇意识和风险意识，准确识变、科学应变、主动求变，善于在危机中育先机、于变局中开新局，努力实现更高质量、更有效率、更加公平、更可持续、更为安全的发展。

一、基本实现社会主义现代化面临的挑战

一是“逆全球化”集中升温。全球化是过去 20 年间推动世界经济增长最强大的动力。但是，全球化在“功莫大焉”的同时，也随之产生以下几个方面的重大问题：其一是技术进步带来就业相对减少；其二是资本和劳动间收益差距的不断扩大；其三是金融资本的全球化运作带来巨大风险；其四是国际、国内贫富分化加剧。2008 年的金融危机凸显

和放大了这些问题，各国为恢复经济所采取的竞争性政策又进一步引发了矛盾与摩擦。面对世界经济深度调整、复苏动力不足、增长分化加剧以及国际贸易投资低迷的“全球化波折”等新形势，加之广大发展中国家的加速兴起，一些曾经的自由贸易倡导者纷纷走上向内的道路，从强调释放市场力量向主张社会保护转变。“逆全球化”正在集中升温。根据世界银行提供的最新数据，世界进出口贸易额占 GDP 比重从 2008 年的 51.86%降至 2018 年的 45.86%，下降了 6 个百分点，相当于倒退回本世纪初的水平。

二是中美贸易争端日趋复杂。2018 年 3 月以来，美国多次以缩减贸易逆差、保护知识产权、保护国家安全等为名，不断增加加征关税商品清单的总额和范围与提高进出口关税税率，限制中国高科技企业在美国的生产经营，以及与美国公司的商业往来，导致中美贸易战不断升级。不断加码的中美贸易战已经成为两国经济以及世界经济面临的最大的风险。贸易战的持续恶化随时有可能对世界经济的稳定与发展，造成灾难式的破坏和冲击。经过中美两国的共同努力，2020 年 1 月 15 日，中美签署了第一阶段贸易协议。这一协议暂时扭转了中美贸易战进一步恶化的趋势，为中美双方通过谈判和协商，解决双边贸易摩擦奠定了基础，开启了中美经贸合作的新模式。但是，中美贸易战一方面源于巨额贸易逆差及其结构性体制性问题和分歧；另一方面源于新冷战思维霸权国家对新兴崛起大国的遏制，是中美两国之间长期存在的矛盾激化的结果。中美第一阶段贸易协议的签署虽然赶走了盘旋在中美两国和世界经济上空的黑天鹅，解除了当前世界经济的最大风险，但只要不摒弃美国“新”贸易保护主义和新冷战思维，中美贸易争端就不会消除，从而对中美两国和世界经济的不确定性影响就始终存在。

三是创新能力不足制约发展的质量和效益。创新是中国迈向现代化强国的动力支撑，也是发展速度、质量、效能及核心竞争力的决定因素。创新能力不足与我国经济大国的国际地位和高质量发展的根本要求还存在一定差距。2020 年，我国经济总量将超过 100 万亿大关，占美国经济总量的比重将超过 70%，但大而不强、臃肿虚胖体弱问题相当突出，主要体现在创新能力不强，这是我国这个经济大块头的“阿喀琉斯之踵”。[①] 总体上看，我国关键核心技术受制于人的局面尚未根本改变，一些高端核心技术缺失，存在“卡脖子”的问题；创造新产业、引领未来发展的科技储备远远不够，产业还处于全球价值链中低端，军事、安全领域高技术方面同发达国家仍有较大差距；完善国家创新体系不够完善，长期依靠要素驱动为主推动高速增长，使中国经济发展形成了增长速度崇拜和要素驱动依赖的惯性力量，造成了体制机制上有不少适应要素驱动而不利创新驱动的制度性藩篱。

四是城乡二元体制下农业农村发展面临诸多困难。中国呈现出城乡二元结构和城市内部二元结构并存的局面，具有城乡双二元结构的特征。城乡二元经济的产生与以重工业优先发展为特征的赶超型发展战略密切联系。以户籍制度为代表的城乡二元制度使农业劳动生产率发展水平低下，农民增收困难，城乡收入差距不断拉大。近年来，城乡收入差距虽持续下降，但仍然偏高。农村居民在消费、基础设施、社会保障、公共服务、科技教育等诸多方面与城市居民都存在较大差距。随着城镇

① 中共中央文献研究室编：《习近平总书记重要讲话文章选编》，党建读物出版社、中央文献出版社 2016 年版，第 390 页。

化进程的加快，农村空心化、老龄化、留守妇女儿童问题等现象愈加凸显。在城市内部，同样存在着明显的二元结构，城市内部二元结构是在城乡二元结构的基础上形成的，是市场化改革以来城乡二元结构在城市中的新形态。繁华的城市中心区与落后的城市外围地区形成了明显反差，农民工群体成为既不是农民、也不是市民的尴尬群体。破解城乡双元体制，任务十分艰巨。

五是人口、资源、环境与经济发展的矛盾日益突出。人口问题一直是制约中国经济社会发展的重大问题。到 2035 年前后，中国总人口将达到 16 亿人，庞大的人口将造成巨大的就业压力、面临着老龄化的挑战。此外，资源和环境压力和约束将进一步加剧。其一是要素供给的制约。从现状和趋势看，中国劳动力、资本、土地、资源、能源、环境的低成本优势逐渐消失，以要素驱动为主很难实现中国经济行稳致远。其二是资源能源环境恶化的制约。中国资源能源消耗总量大和利用率低的问题突出。单位 GDP 能耗大约是世界水平的 2 倍，发达国家的 4 倍。水资源、土地资源、大气资源退化严重，环境承载力已逼近极限。中国在全面建设社会主义现代化进程中，面临的人口、资源、环境的压力将越来越大。

六是全面深化改革进入触动利益格局深水区、攻坚期。不同于“普惠式”的改革阶段，全面深化改革必然要触动原有的利益格局，但触动利益往往比触及灵魂还难，过去那些绕过去的和放在一边的矛盾和问题并没有随着时间的推移而消失，相反却随着全面改革而成为绕不过去的“拦路虎”。尽管通过 40 多年的改革开放，一些方面的改革已取得了突破性进展，但市场化导向的改革并没有彻底完成，城乡二元制度改革、国有资产管理体制改革、财税金融体制改革、收入分配体制改革等重要环节与关键领域的改革困难重重。这些领域的改革往往要动既得利益的“奶酪”，必须拿出壮士断腕的勇气，敢于革自己的命，敢于付出代价，以更大的决心和勇气，打好改革最后“攻坚战”。

二、基本实现社会主义现代化面临双重难题

经济发展的全部内涵，一是如何保持国民经济持续健康发展，二是如何实现经济发展成果公平合理分配。这两个方面缺一不可，既相互依赖，又互为条件，是所有经济体必须解决的两大根本任务。从历史上看，凡是成功的经济体都妥善解决了这两大任务；反之，凡是不成功的经济体都没有解决好这两大任务或其中的一个，结果陷入“中低收入陷阱”或“低收入陷阱”。在未来 15 年，一方面能否顺利实现转型升级，成为国民经济持续健康发展的重要前提；另一方面，能否让改革发展成果惠及全体人民，使全体人民的共同富裕取得更为明显的实质性进展，成为基本实现社会主义现代化的重要标志。

（一）转型发展难题：能否顺利实现经济转型升级

基本实现社会主义现代化的第一要义是经济发展和人民生活水平总体上达到中等发达国家水平。改革开放以来的 40 多年间，人口红利、改革红利平稳释放，增长动力强劲，经济快速增长，除了周期性增速短暂下滑之外，经济增速长期放缓的风险较小，经济结构调整和经济发展方式转变的临界点也未达到。2021 年后，随着经济发展进入新阶段，

经济发展的条件、趋势、重点发生了重大变化，经济结构调整和经济发展方式转变的要求十分迫切。虽然增速放缓为调结构、转方式提供了较好的外部条件，但增长失速的风险也很大，调结构、转方式和稳增长的矛盾十分突出，如何处理好调结构、转方式和稳增长的关系显得十分重要。所以，在经济发展新阶段，如何促进经济转型升级，保持国民经济持续健康发展，是基本实现社会主义现代化面临的一个十分突出的难题。

然而实现经济转型升级并非易事。转型升级意味着产业结构的高级化和经济发展方式的集约化，意味着经济发展目标、动力、方式、结构的全方位转变，需要处理好转型与增长、市场与政府、垄断与竞争、培养新增长与化解产能过剩、技术进步与扩大就业等方方面面的关系。这些关系要么是互补关系，需要同步发展、高度协调；要么是替代关系，需要有所取舍，有所侧重。可见，这些关系都表现为一定的数量关系，他们的协调运行，均需要度的精准掌控。譬如，转型与增长，既是互补关系，也是替代关系。如果能在经济高速增长下实现转型升级，当然是我们求之不得的。但现实情况往往是，在经济保持高速增长的情况下，转型升级的动力就不那么强，促进转型升级的措施就难以制定；而一旦经济增速放缓，本来为转型升级提供了良好的条件和环境，但如果增速达不到政府预期，政府又会放弃转型升级的努力，重新走上高投资、强刺激、粗放式发展的老路上去。这既考验政府的定力，能否不以 GDP 论英雄，坚定转型升级不动摇；又考验政府的宏观调控和经济管理的能力，能否保持经济增长的合理区间，实现增长、转型双目标。

（二）公平分配难题：能否让改革发展成果惠及全体人民

共同富裕是社会主义的本质要求，是人民群众的共同期盼。我们推动经济社会发展，归根结底是要实现全体人民共同富裕。新中国成立以来特别是改革开放以来，我们党团结带领人民向着实现共同富裕的目标不懈努力，人民生活水平不断提高。党的十八大以来，我们把脱贫攻坚作为重中之重，使现行标准下农村贫困人口全部脱贫，就是促进全体人民共同富裕的一项重大举措。党的十九届五中全会在到 2035 年基本实现社会主义现代化远景目标中提出“全体人民共同富裕取得更为明显的实质性进展”，在改善人民生活品质部分突出强调了“扎实推动共同富裕”，提出了一些重要要求和重大举措。这样表述，在党的全会文件中还是第一次，既指明了前进方向和奋斗目标，也是实事求是、符合发展规律的，兼顾了需要和可能，有利于在工作中积极稳妥把握，在促进全体人民共同富裕的道路上不断向前迈进。

当前，我国发展不平衡不充分问题仍然突出，劳动报酬在初次分配中的比重偏低和居民收入在国民收入中的比重小的分配格局仍未根本扭转，城乡区域发展和收入分配差距仍然较大，促进全体人民共同富裕是一项长期的艰巨任务。但是，让改革发展成果惠及全体人民，实现全体人民共同富裕，需要继续完善社会主义市场经济体制，充分发挥市场在资源配置中的决定性作用，为公平分配提供体制基础；需要推进城乡二元制度改革，消除城乡分割、城市偏向的城乡二元体制，构建以工促农、以城带乡、工农互惠、城乡一体的制度体系和新型城乡关系，统筹城乡发展，加快城乡一体化进程；需要加快收入分配制度改革，提高居民收入在国民收入中的比重和劳动报酬收入在初次分配中的比重，缩小居民收入差距；需要加大扶贫开发力度，完善贫困人口的脱贫致富帮扶机制。这些措施的制定和实施也困难重重，不仅会遇到经济增长与收入分配的两难选择，更会受到利益集团的阻碍和反对。由此看来，让改革发展成果惠及全体人民，实现公平分配和共同富裕，任重道远，是横亘在全面建成小康社会面前的一大难题。

第四节

基本实现社会主义现代化的战略选择

基本实现社会主义现代化是一项宏伟的战略目标，要明确战略要求，坚持以人民为中心的发展思想，坚决贯彻新发展理念，统筹协调“五位一体”总体布局、“四个全面”战略布局，坚持稳中求进工作总基调，以推动高质量发展为主题，以深化供给侧结构性改革为主线，统筹发展和安全，坚定国家中长期经济社会发展战略，实现经济行稳致远。

一、基本实现社会主义现代化的战略目标

《中共中央关于制定国民经济和社会发展第十四个五年规划和二〇三五年远景目标的建议》按照党的十九大对实现第二个百年奋斗目标作出分两个阶段推进的战略安排，对 2035 年基本实现社会主义现代化远景目标进行了总体部署，明确了 2035 年基本实现社会主义现代化的总体目标和经济、政治、文化、社会、生态文明建设、安全诸领域的具体目标。

——我国经济实力、科技实力、综合国力将大幅跃升，经济总量和城乡居民人均收入将再迈上新的大台阶，关键核心技术实现重大突破，进入创新型国家前列。

——基本实现新型工业化、信息化、城镇化、农业现代化，建成现代化经济体系。

——基本实现国家治理体系和治理能力现代化，人民平等参与、平等发展权利得到充分保障，基本建成法治国家、法治政府、法治社会。

——建成文化强国、教育强国、人才强国、体育强国、健康中国，国民素质和社会文明程度达到新高度，国家文化软实力显著增强。

——广泛形成绿色生产生活方式，碳排放达到峰后稳中有降，生态环境根本好转，美丽中国建设目标基本实现。

——形成对外开放新格局，参与国际经济合作和竞争新优势明显增强。

——人均国内生产总值达到中等发达国家水平，中等收入群体显著扩大，基本公共服务实现均等化，城乡区域发展差距和居民生活水平差距显著缩小。

——平安中国建设达到更高水平，基本实现国防和军队现代化。

——人民生活更加美好，人的全面发展、全体人民共同富裕取得更为明显的实质性进展。

二、基本实现社会主义现代化的战略要求

一是坚持党对一切工作的领导，坚持人民主体地位。只要我们党不

出大问题，国家就不会出大问题。我们要建设世界上最强大的政党，要不断提高党把方向、谋大局、定政策、促改革的能力和定力，让党的领导更加适应实践、时代、人民的要求，把党的群众路线贯彻到治国理政全部活动之中，把人民对美好生活的向往作为奋斗目标，依靠人民创造历史伟业。

二是坚持贯彻新发展理念，解放、发展和保护社会生产力。牢牢把握发展是硬道理，围绕解决发展不平衡不充分的问题，贯彻新发展理念，统筹协调“五位一体”总体布局、“四个全面”战略布局，捍卫“两个毫不动摇”，既要解放、发展生产力，又要保护市场主体，保护生产力。

三是坚持统筹发展和安全，建设更高水平的平安中国。安全是发展的前提，发展是安全的保障。坚持总体国家安全观，实施国家安全战略，维护和塑造国家安全，统筹传统安全和非传统安全，把安全发展贯穿国家发展各领域和全过程，防范和化解影响我国现代化进程的各种风险，筑牢国家安全屏障。

四是坚持以国内大循环为主体，构建国内国际双循环相互促进的新发展格局。更加重视国内国际循环的内在关联性和根本一致性，更加重视国内国际循环的平衡和协调，把国内国际循环统筹起来，加快形成以国内大循环为主体、国内国际双循环相互促进、彼此支撑、融合发展的新发展格局，以新发展格局培育新形势下我国经济发展新优势，开创社会主义现代化强国建设新局面。

五是坚持高水平的市场经济体制建设，维护国家经济安全。发挥市场在资源配置中的决定性作用和更好地发挥政府的作用，完善集中力量办大事的举国体制，持续推动我国经济发展质量、效率、动力变革，坚持四化同步、城乡区域协调互动，完善我国社会生产力和整个国民经济发展的布局，加快形成国内国际双循环相互促进的新发展格局。

六是坚持全面依法治国，推进法治中国建设。全面推进依法治国，党和政府要带头捍卫宪法、法律尊严。要坚定不移走中国特色社会主义法治道路，坚持依法治国、依法执政、依法行政共同推进，坚持法治国家、法治政府、法治社会一体建设。

七是坚持更深层次改革，实行更高水平开放。坚决破除一切不合时宜的思想观念和体制机制弊端，突破利益固化的藩篱，更充分发挥我国社会主义制度优越性。坚决站在历史正确的一边，吸收人类文明有益成果，寻求中国利益和全球利益的最大交集，形成全方位、多层次、宽领域的全面开放新格局。

八是坚持和平发展，推动共建人类命运共同体。树立共同、综合、合作、可持续的新安全观，统筹发展和安全，协调好国内治理和全球治理的关系，从更长远眼光把握和处理中美关系，积极应对并跨越“第二大经济体陷阱”，提升全球治理能力，做世界和平的建设者、全球发展的贡献者、国际秩序的维护者。

九是坚持继承和创新相结合，营造好的制度体系和环境。突出坚持和完善支撑中国特色社会主义的根本制度、基本制度、重要制度，守正创新，把理论和实践创新成果适时转化为制度创新成果，把实践中已见成效的章程、政策及时上升为法律，抓紧制定国家治理体系和治理能力现代化急需的制度，满足人民对美好生活新期待必备的制度，营造长期稳定可预期的制度体系和环境。

十是坚持发挥制度优势，提升国家治理效能。制度执行力是国家治理能力的集中体现。全面深化改革是促进制度优势和治理效能协同提升的关键。强化制度意识，维护制度权威，提高制度执行力，善于用制度和法律管理国家，加强系统治理、依法治理、综合治理、源头治理，把我国系统完备、科学规范、成熟定型、运行有效的制度优势更好转化为国家治理效能，形成总体效应、取得总体效果。

十一是坚持维护公平正义，建设共同富裕的和谐社会。突出治理的民主化特征，用制度体系保证人民当家作主。国家治理过程更加公开、透明，维护社会公平正义，形成共建共治共享的国家治理格局。不断完善社会分配制度和社会保障体系建设，把发展成果更好地惠及全体人民，使全体人民共同富裕取得更为明显的实质性进展，促进人的全面发展和社会全面进步。

十二是坚持实施科教兴国、人才强国战略，创造发展新红利。社会主义现代化建设，科学和教育是动力，人才是关键。要以前所未有的创新勇气、创新能力、创新速度将最新科学技术快速转化为现实生产力，推动中国经济质量变革、效率提升、动力转换。要树立“人才资源是第一资源”的发展理念，坚持党管人才原则，聚天下英才而用之。

十三是坚持农业农村优先发展，全面推进乡村振兴。坚持把解决好“三农”问题作为全党工作重中之重，走中国特色社会主义乡村振兴道路，全面实施乡村振兴战略，强化以工补农、以城带乡，推动形成工农互促、城乡互补、协调发展、共同繁荣的新型工农城乡关系，加快农业农村现代化。

三、基本实现社会主义现代化的战略措施

习近平总书记在《求是》杂志2020年第21期发表了题为“国家中长期经济社会发展战略若干重大问题”的署名文章，指出了事关国家中长期经济社会发展战略的六个重大问题，即坚定实施扩大内需战略，构建以国内大循环为主体、国内国际双循环相互促进的新发展格局；优化和稳定产业链、供应链，构建自主可控、安全可靠的国内生产供应体系；完善城市化战略，更好推进以人为核心的城镇化；调整优化科技投入和产出结构，创新科技成果转化机制；站在人与自然和谐共生的高度来谋划经济社会发展，实现人与自然和谐共生；加强公共卫生体系建设，提高公共卫生体系在国家治理体系中的地位。①

第一，坚定实施扩大内需战略。构建完整的内需体系，关系我国长远发展和长治久安。改革开放特别是加入世贸组织后，我国加入国际大循环，形成了市场和资源（如矿产资源）“两头在外”、形成“世界工厂”的发展模式，对我国抓住经济全球化机遇、快速提升经济实力、改善人民生活发挥了重要作用。近几年，经济全球化遭遇逆风，这次疫情可能加剧逆全球化趋势，各国内顾倾向明显上升，我国发展面临的外部环境可能出现重大变化。实施扩大内需战略，是当前应对疫情冲击的需要，是保持我国经济长期持续健康发展的需要，也是满足人民日益增长的美好生活的需要。

---

① 习近平：《国家中长期经济社会发展战略若干重大问题》，《求是》2020年第21期。

大国经济的优势就是内部可循环。我国有 14 亿人口，人均国内生产总值已经突破 1 万美元，是全球最大最有潜力的消费市场。居民消费优化升级，同现代科技和生产方式相结合，蕴含着巨大增长空间。我们要牢牢把握扩大内需这一战略基点，使生产、分配、流通、消费各环节更多依托国内市场实现良性循环，明确供给侧结构性改革的战略方向，促进总供给和总需求在更高水平上实现动态平衡。扩大内需和扩大开放并不矛盾。国内循环越顺畅，越能形成对全球资源要素的引力场，越有利于构建以国内大循环为主体、国内国际双循环相互促进的新发展格局，越有利于形成参与国际竞争和合作新优势。

消费是我国经济增长的重要引擎，中等收入群体是消费的重要基础。目前，我国约有 4 亿中等收入人口，绝对规模世界最大。要把扩大中等收入群体规模作为重要政策目标，优化收入分配结构，健全知识、技术、管理、数据等生产要素由市场评价贡献、按贡献决定报酬的机制。要扩大人力资本投入，使更多普通劳动者通过自身努力进入中等收入群体。

第二，优化和稳定产业链、供应链。产业链、供应链在关键时刻不能掉链子，这是大国经济必须具备的重要特征。这次疫情是一次实战状态下的压力测试。我国完备的产业体系、强大的动员组织和产业转换能力，为疫情防控提供了重要物质保障。我国口罩日产能从 2020 年 1 月底 1000 万只提高到目前的 5 亿只。同时，疫情冲击也暴露出我国产业链、供应链存在的风险隐患。为保障我国产业安全和国家安全，要着力打造自主可控、安全可靠的产业链、供应链，力争重要产品和供应渠道都至少有一个替代来源，形成必要的产业备份系统。

现在，全国都在复工复产，我们不应该也不可能再简单重复过去的模式，而应该努力重塑新的产业链，全面加大科技创新和进口替代力度，这是深化供给侧结构性改革的重点，也是实现高质量发展的关键。一是要拉长长板，巩固提升优势产业的国际领先地位，锻造一些“杀手锏”技术，持续增强高铁、电力装备、新能源、通信设备等领域的全产业链优势，提升产业质量，拉紧国际产业链对我国的依存关系，形成对外方人为断供的强有力反制和威慑能力。二是要补齐短板，就是要在关系国家安全的领域和节点构建自主可控、安全可靠的国内生产供应体系，在关键时刻可以做到自我循环，确保在极端情况下经济正常运转。

我国线上经济全球领先，且在这次疫情防控中发挥了积极作用，线上办公、线上购物、线上教育、线上医疗蓬勃发展并同线下经济深度交融。我们要乘势而上，加快数字经济、数字社会、数字政府建设，推动各领域数字化优化升级，积极参与数字货币、数字税等国际规则制定，塑造新的竞争优势。同时，必须看到，实体经济是基础，各种制造业不能丢，作为 14 亿人口的大国，粮食和实体产业要以自己为主，这一条绝对不能丢。

国民经济要正常运转，必须增强防灾备灾意识。天有不测风云，人有旦夕祸福。要大力加强防灾备灾体系和能力建设，舍得投入，舍得下功夫，宁肯十防九空，有些领域要做好应对百年一遇灾害的准备。要坚持两条腿走路，实行中央储备和地方储备相结合，实物储备和产能储备相结合，国家储备和企业商业储备相结合，搞好军民融合储备。要优化应急物资品种和储备布局，要合理确定储备规模，全面加大投资建设力度。

国有企业冲在前面，在促进产业循环中具有关键作用。国有企业是中国特色社会主义的重要物质基础和政治基础，是党执政兴国的重要支柱和依靠力量，必须做强做大做优。当然，国有企业也要改革优化，但绝对不能否定、绝对不能削弱。要坚持和完善新型举国体制，不断增强领导力、组织力、执行力。

必须维护产业链、供应链的全球公共产品属性，坚决反对把产业链、供应链政治化、武器化。在国际经贸谈判中，要推动形成维护全球产业链供应链安全、消除非经济因素干扰的国际共识和准则，力争通过国际合作阻止打击全球产业链、供应链的恶劣行为。

第三，完善城镇化战略。我国城镇化道路怎么走？这是个重大问题，关键是要把人民生命安全和身体健康作为城镇发展的基础目标。目前，我国常住人口城镇化率已经达到 60.6%，今后一个时期还会上升。要更好推进以人为核心的城镇化，使城市更健康、更安全、更宜居，成为人民群众高品质生活的空间。

增强中心城市和城市群等经济发展优势区域的经济和人口承载能力，这是符合客观规律的。同时，城市发展不能只考虑规模经济效益，必须把生态和安全放在更加突出的位置，统筹城市布局的经济需要、生活需要、生态需要、安全需要。要坚持以人民为中心的发展思想，坚持从社会全面进步和人的全面发展出发，在生态文明思想和总体国家安全观指导下制定城市发展规划，打造宜居城市、韧性城市、智能城市，建立高质量的城市生态系统和安全系统。

产业和人口向优势区域集中是客观经济规律，但城市单体规模不能无限扩张。目前，我国超大城市（城区常住人口 1000 万人以上）和特大城市（城区常住人口500万人以上）人口密度总体偏高，北京、上海主城区密度都在每平方公里2万人以上，东京和纽约只有1.3万人左右。长期来看，全国城市都要根据实际合理控制人口密度，大城市人口平均密度要有控制标准。要建设一批产城融合、职住平衡、生态宜居、交通便利的郊区新城，推动多中心、郊区化发展，有序推动数字城市建设，提高智能管理能力，逐步解决中心城区人口和功能过密问题。

我国各地情况千差万别，要因地制宜推进城市空间布局形态多元化。东部等人口密集地区，要优化城市群内部空间结构，合理控制大城市规模，不能盲目“摊大饼”。要推动城市组团式发展，形成多中心、多层级、多节点的网络型城市群结构。城市之间既要加强互联互通，也要有必要的生态和安全屏障。中西部有条件的省区，要有意识地培育多个中心城市，避免“一市独大”的弊端。我国现有1881个县市，农民到县城买房子、向县城集聚的现象很普遍，要选择一批条件好的县城重点发展，加强政策引导，使之成为扩大内需的重要支撑点。在城市旧城改造和老旧小区改造中，地下管网、停车场建设，托幼、养老、家政、教育、医疗服务等方面都有巨大需求和发展空间。

第四，调整优化科技投入和产出结构。这次疫情防控对我国科技界是一次真刀真枪的检验。科技战线既显了身手，也露了短板。要优化科技资源布局，提升科技创新能力，走出一条符合我国国情的科技研发道路。

科技发展要坚持问题导向、目标导向。保障人民生命安全和身体健康是党和国家的重要任务，科学研究要从中凝练重大科学前沿和重大攻关课题。要更加重视遗传学、基因学、病毒学、流行病学、免疫学等生命科学的基础研究，加快相关药物疫苗的研发和技术创新，高度重视信息和大数据技术在这些领域的应用。要重视顶层设计，优化基础研究布局，做强优势领域，完善高校专业设置，加强基础学科教育和人才培养，补上冷门短板，把我国基础研究体系逐步壮大起来，努力多出“从 0 到 1”的原创性成果。

在这次疫情防控中，形成了不少产学研相结合的典范，值得认真总结。要创新科技成果转化机制，发挥企业主体作用和政府统筹作用，促进资金、技术、应用、市场等要素对接，努力解决基础研究“最先一公里”和成果转化、市场应用“最后一公里”有机衔接问题，打通产学研创新链、价值链。

第五，实现人与自然和谐共生。人与自然是生命共同体，人类必须尊重自然、顺应自然、保护自然。这次疫情防控使我们更加深切地认识到，生态文明建设是关系中华民族永续发展的千年大计，必须站在人与自然和谐共生的高度来谋划经济社会发展。

第一次工业革命以来，人类利用自然的能力不断提高，但过度开发也导致生物多样性减少，迫使野生动物迁徙，增加了野生动物体内病原的扩散传播风险。21 世纪以来，从“非典”到禽流感、中东呼吸综合征、埃博拉病毒，再到这次新冠肺炎疫情，全球新发传染病频率明显上升。只有更好平衡人与自然的关系，维护生态系统平衡，才能守护人类健康。要深化对人与自然生命共同体的规律性认识，全面加快生态文明建设。生态文明这个旗帜必须高扬。

越来越多的人类活动不断触及自然生态的边界和底线。要为自然守住安全边界和底线，形成人与自然和谐共生的格局。这里既包括有形的边界，也包括无形的边界。要完善国土空间规划，落实好主体功能区战略，明确生态红线，加快形成自然保护地体系，完善生物多样性保护网络，在空间上对经济社会活动进行合理限定。

要增强全民族生态环保意识，鼓励绿色生产和消费，推动形成健康文明生产生活方式。要深入开展爱国卫生运动，倡导健康饮食文化和良好生活习惯，严厉打击非法捕杀和交易野生动物的行为。

第六，加强公共卫生体系建设。我国公共卫生事业取得了举世公认的成就，但这次疫情防控也反映出我国公共卫生领域还存在明显短板，需要加快补上。

要从顶层设计上提高公共卫生体系在国家治理体系中的地位，充实中央、省、市、县四级公共卫生机构，加强专业人才培养和队伍建设，提高履职尽责能力。要改善城乡公共卫生环境，加强农村、社区等基层防控和公共卫生服务。要加强公共卫生机构、医院感染病科、生物实验室等的规划建设，做好敏感医疗和实验数据管理。要加强卫生健康教育和科学知识普及，提高群众公共卫生素养。在这次疫情防控中，中医发挥了重要作用，要及时总结经验，加强科学论证，大力发展中医药事业，加强中西医结合，不断提高能力和水平。

历次抗击重大传染病疫情的实践表明，必须加快形成从下到上早发现、早预警、早应对的体系，努力把疫情控制在萌芽状态。要把增强早期监测预警能力作为健全公共卫生体系的重中之重，完善公共卫生应急管理体系。要加强疾控、医院、科研单位间的信息共享，增强各类已知和新发传染病预警能力。

后　记

党的十九届五中全会描绘了我国未来五年和2035年的发展蓝图。“十四五”时期是开启全面建设社会主义现代化国家新征程的起步期，也是全面建成小康社会成果的进一步巩固期；是推动经济社会发展再上新台阶的重要战略机遇期，还是落实新发展理念要求跨过“中等收入陷阱”的攻坚期；是国际经济政治格局深刻调整变化带来的严重挑战期，更是维护我国国家利益和经济安全的关键期。

当前，新冠肺炎疫情对经济确实有很严重的冲击影响，而且有些冲击影响还在延续甚至加深。但从未来五年看，我国经济稳中向好、长期向好的基本态势仍在延续，我国经济的韧性好、潜力足和回旋余地大的优势还在集聚，我国经济治理体系和治理能力现代化的水平正在提高，经过努力基本可平均保持在5%～6%或5%左右的中速发展区间内，致力于推动经济高质量发展的现代化经济体系建设取得新进展，不充分、不平衡的发展问题将得到明显改善，中国特色的社会主义现代化强国建设迈出关键一步。

应中共中央党校出版社之约，我们编写了这本《新阶段　新理念　新格局——中央党校知名专家解读“十四五”》，力求深入分析“十四五”时期我国发展阶段、发展环境、发展条件的深刻变化，全面展现“十四五”时期的发展趋势、发展主题、发展思路、改革任务和2035年发展图景，为全面建设社会主义现代化国家开好局、起好步贡献我们的绵薄之力。

本书由中共中央党校（国家行政学院）马克思主义学院院长张占斌教授提出写作提纲，由张占斌、陈江生、黄锟、王海燕分工写作，秦梦博士参与部分初稿写作。

中共中央党校出版社任丽娜女士为本书出版做了大量而细致的工作，是本书高质量及时出版的重要保证。

作　者

2020年12月12日